AF229197

ÉTUDE

SUR

LA VIE ET LES OUVRAGES

DU MARQUIS DE SAINT-MARC

PAR OCTAVE GIRAUD

MÉMOIRE COURONNÉ PAR L'ACADÉMIE DE BORDEAUX, EN 1858

« Tout ce que je dis, je le pense. »
MARQUIS DE SAINT-MARC.

PARIS

CHEZ AUGUSTE AUBRY, LIBRAIRE
RUE DAUPHINE, N° 16

1860

ÉTUDE

SUR

LA VIE ET LES OUVRAGES

DU MARQUIS DE SAINT-MARC

PAR OCTAVE GIRAUD

MÉMOIRE COURONNÉ PAR L'ACADÉMIE DE BORDEAUX, EN 1858

« Tout ce que je dis, je le pense. »
MARQUIS DE SAINT-MARC.

PARIS

CHEZ AUGUSTE AUBRY, LIBRAIRE

RUE DAUPHINE, N° 16

1860

ÉTUDE

SUR

LA VIE ET LES OUVRAGES

DU MARQUIS DE SAINT-MARC.

BORDEAUX. IMP. G. GOUNOUILHOU,
place Puy-Paulin, 1.

Nous entreprenons cette étude sur la vie du marquis de Saint-Marc, bien moins pour établir son mérite littéraire que pour faire ressortir sa physionomie originale et piquante. Il a vécu à une époque où les mœurs étaient relâchées et le bon goût en décadence. Ses ouvrages ont conservé cette empreinte de mauvais goût; ses mœurs n'ont pas été meilleures que celles de ses contemporains. Mais, chez lui, la défaillance morale a été, en quelque sorte, amoindrie par une certaine noblesse de cœur et par des sentiments chevaleresques. Tel est le double contraste que nous voulons faire ressortir de ce travail.

La littérature et les mœurs du xviiie siècle ont été très-étudiées; mais elles pouvaient être appréciées encore et prêter à quelques aperçus nouveaux. Nous avons tenté de remplir cette tâche, autant qu'il nous a été possible de le faire. La biographie du marquis de Saint-Marc se rattache aussi à quelques faits intéressants pour l'ancienne capitale de la Guienne, où il a longtemps vécu, et où il est mort. Nous avons été aidés dans notre labeur par le concours bienveillant et empressé de M. et de Mme de Laroze, le gendre et la fille du marquis de Saint-Marc. Ils ont bien voulu nous communiquer quelques documents intimes qui ont servi à éclaircir plusieurs faits concernant la vie de leur ancêtre. Nous devons leur exprimer ici publiquement notre gratitude.

ÉTUDE

SUR

LA VIE ET LES OUVRAGES

DU MARQUIS DE SAINT-MARC.

————

I

Jean-Paul-André de Saint-Marc naquit, en 1728, dans la province de Guienne, au château des Razins, près de La Réole. On ne connaît aucune particularité curieuse se rapportant à son enfance. Cadet de la famille, il fut destiné de bonne heure à la carrière des armes, et ne reçut par conséquent qu'une éducation fort incomplète. Dès l'âge de quinze ans, il était parvenu au grade d'enseigne dans les *gardes-françaises*. Le soin de porter un étendard ne pouvait être confié qu'à un militaire à la fois ferme et courageux. Le jeune de Saint-Marc était digne d'un pareil choix, et il le prouva bientôt dans une circonstance mémorable. C'était à Fontenoy, où, comme on sait, la *Maison du roi* décida du succès de la bataille. Les An

glais ayant invité leurs adversaires à tirer les premiers :
« Après vous! » répondirent les officiers français. Une
décharge de la mousqueterie anglaise vint décimer la
première ligne des *gardes*. Le marquis de Saint-Marc
resta presque seul, agitant avec énergie son étendard
criblé de balles. « Dans ce terrible moment, dit-il, je ne
» me rappelai qu'une chose : c'est qu'on m'avait recom-
» mandé de ne pas broncher et de tenir mon étendard
» bien élevé. Je m'en acquittais de mon mieux, lorsque la
» seconde ligne s'étant précipitée en avant, je me trouvai
» entouré par quelques soldats qui, dans leur enthou-
» siasme, m'enveloppèrent de mon drapeau et me por-
» tèrent aux pieds du roi. Louis XV m'embrassa, m'a-
» dressa des paroles flatteuses, et ce fut la première cause
» de mon avancement. » Cette cause était certes bien lé-
gitime, quoique la bravoure, qui chez nous tient beaucoup de la témérité, soit une vertu naturelle au soldat
français.

Un si brillant début promettait au marquis de Saint-
Marc de rapides succès et des grades élevés dans la
carrière qu'il avait embrassée. Mais ces grades ne s'ac-
quièrent vite que dans les guerres successives, et la paix
fut le résultat immédiat de la bataille de Fontenoy. Le
jeune officier ne put dès-lors cueillir que les palmes de
l'amour, au sein de la brillante société de la capitale. « De
» retour à Paris, sa physionomie aimable, sa tournure
» brillante et la politesse de ses manières lui valurent
» d'abord auprès des femmes quelques triomphes qui
» suffisent à l'ambition de cet âge ([1]). » Il visait déjà à de
plus difficiles conquêtes, lorsqu'une catastrophe terrible
vint non-seulement briser son avenir dans la carrière des
armes, mais le mettre aussi aux portes du tombeau.

([1]) Article de la *Ruche d'Aquitaine*

Victime d'un empoisonnement, il en fut quitte pour un dépérissement qui dura cinq années consécutives. L'élégant officier perdit les belles couleurs de ses joues, l'éclat brillant de ses regards ; il ne fut plus, en un mot, que l'ombre de lui-même. Les belles dames, admirant autrefois la fraîcheur et la grâce de sa physionomie, avaient appelé le jeune marquis l'*Amour !* Mais cette dénomination ne pouvait plus s'appliquer à un spectre. Il ne restait plus à M. de Saint-Marc, pour attirer l'attention de cette société jadis éprise des agréments de sa figure, que l'attrait de sa conversation spirituelle, que l'intérêt qu'éveille naturellement l'aspect d'un être chétif et souffrant. La cause de cet empoisonnement n'est pas bien connue. Le marquis de Saint-Marc ne l'établit nulle part. Deux versions ont été rapportées ; l'une et l'autre ont une probabilité relative. D'après la notice nécrologique de la *Ruche d'Aquitaine*, le poison *fut donné par un mari jaloux*. M. de Saint-Marc était alors fort jeune ; il avait les mœurs légères. Il n'est pas impossible qu'il se soit laissé séduire par les attraits d'une femme peu préoccupée de la sainteté du lien conjugal, et ne voyant dans ce lien sacré qu'une lourde chaîne.

La seconde version est celle de la famille de M. de Saint-Marc ; elle m'a été communiquée par M. de Laroze. D'après cette version, l'empoisonnement serait dû à la méprise maladroite d'un garçon infirmier qui, à l'époque où M. de Saint-Marc était encore en activité de service, lui apporta, au lieu d'une tisane qui lui était réservée, un violent vomitif destiné sans doute à quelque officier plus sérieusement malade que lui. Cette version est probable ; mais la première a une probabilité non moins grande. Nous la rapportons toutefois, par déférence pour une honorable famille, qui préfère attribuer ce triste événement plutôt à une méprise fatale qu'à un crime prémédité.

Le marquis de Saint-Marc fut, par l'état déplorable de sa santé, obligé d'abandonner le métier des armes ; son avenir était brisé. Il jouissait par bonheur de quelque fortune ; il vint donc s'établir à Paris, afin de se livrer désormais aux agréments de la société qu'il aimait. Ce fut, assure-t-on, pendant sa longue convalescence (elle dura cinq ans) qu'il se décida à placer la plus grande partie de ses biens à fonds perdus. Sa figure amaigrie, sa santé véritablement compromise, lui facilitèrent ces placements. Lui-même, à coup sûr, ne croyait pas vivre de longs jours ; mais les spéculateurs qui comptaient sur sa mort prochaine, n'avaient point calculé que cet homme, en apparence perdu, avait été doué d'une vigoureuse organisation physique, et que cette organisation pouvait surmonter les fatales atteintes d'un accident presque toujours mortel. Ils jugèrent tous sur la mine, et la mine fut trompeuse. Au lieu d'assister aux funérailles du marquis de Saint-Marc, ce fut celui-ci qui eût l'avantage de les voir enterrer tour à tour, la bonne idée de vivre jusqu'à l'âge de quatre-vingt-dix ans ; c'était une malice à laquelle ils ne devaient guère s'attendre. « Son tuteur, » entre autres, M. de B..., s'étant trouvé, à sa majorité, » reliquataire d'une somme de 25,000 fr., lui proposa de » la prendre à rente viagère à 10 0/0 d'intérêt. M. de » Saint-Marc y consentit, et il eut l'heureuse indiscrétion » de se faire payer la dite rente, non-seulement par » M. de B..., mais encore par son fils. Ce ne fut qu'au » bout d'une soixantaine d'années qu'il voulut bien y re- » noncer, moyennant une somme de 12,000 fr. qu'on lui « paya pour en finir (1). »

Saint-Marc était sûr de pouvoir passer dorénavant ses

(1) Article de la *Ruche d'Aquitaine*, sur le marquis de Saint-Marc.

jours dans une grande aisance. Mais la fortune nous fait-elle toujours échapper à l'ennui? Les plaisirs qu'elle nous offre en foule n'ont-ils pas pour dénouement la satiété? Nos plus grandes jouissances deviennent uniformes, et, comme dit le poète,

L'ennui naquit un jour de l'uniformité.

Saint-Marc sut très-bien entrevoir ce danger; il chercha un moyen de le combattre. Le jeune officier qui avait manié le sabre pendant près de dix ans, crut pouvoir se transformer en poète et faire rendre à la lyre d'Apollon quelques accords harmonieux. Le sabre détruit; la lyre régénère. C'est le sang des hommes que font jaillir en abondance les armes de la guerre; et c'est au contraire l'harmonie que l'on voit couler à grands flots du sein de la Poésie, pour embellir les fêtes de la paix. Mais le marquis de Saint-Marc n'avait reçu qu'une médiocre instruction, et pour ce qui concerne les études littéraires, on peut dire qu'il n'en avait point fait. Les quelques notions de littérature qu'il possédait, il les avait recueillies dans les conversations et dans quelques volumes lus très-rapidement. Lui-même avoua plus tard, et ceci est une preuve de sa grande modestie, qu'il n'avait jamais lu Homère ni Virgile, et il ajoutait naïvement : « J'en dis mon *meâ* » *culpâ*; mais que voulez-vous? cela est ainsi. » Nous verrons que si l'instruction manquait au marquis de Saint-Marc, son esprit du moins était doué de qualités originales. La façon dont il devint poète est déjà fort piquante. « Je rêve, dit-il, une nuit que je suis devenu » poète. Je me lève, j'écris, et bientôt je me trouve au- » teur de quelques pièces fugitives. » Combien d'autres ont rêvé qu'ils étaient devenus poètes, et qui n'ont jamais pu faire même de mauvais vers! Certes, il valait mieux consacrer la plus grande partie de son temps à vivre en compagnie des Neufs Sœurs, que de le gaspiller, en quelque sorte, dans la société de ces jeunes étourdis de la cour, ignorants et libertins, et qui, comme le disait fort spirituellement Mᵐᵉ d'Épinay, *avaient l'air d'être attachés à l'aile d'un moulin à vent.* Les petits vers de M. de Saint-Marc furent très-bien accueillis dans les salons qu'il fréquentait. « Dans ce siècle, a dit Marmontel, sans l'influence et la faveur des Grâces, il n'y avait point en littérature de brillante réputation. » Saint-Marc espérait peut-être arriver à la renommée d'un Bonnard, d'un Boufflers, tous deux élégants officiers sachant manier la lyre avec infiniment de grâce et d'esprit. Un petit talent en poésie, vers ce temps, pouvait conduire à une renommée relative, surtout quand on joignait à cette facilité de la rime, les grâces de la figure, la vivacité de la jeunesse et les épaulettes de l'officier. Le xviiiᵉ siècle était une époque tellement littéraire, que le soldat lui-même se transformait en homme de lettres.

Nous avons vu comment le marquis de Saint-Marc était devenu auteur de quelques poésies fugitives. Voici de quelle façon il devint poète lyrique. « Je reçois, dit-il, un » défi de faire un opéra; et, poussant la plaisanterie un » peu loin, j'en fais cinq de suite. » Un écrivain bien sérieux se forme-t-il en obéissant tour à tour à l'influence d'un rêve ou d'un défi ? Mais le marquis de Saint-Marc n'avait entrepris cette nouvelle carrière que dans la crainte de *dépendre* de la société. C'était, au contraire, le moyen d'en devenir l'esclave, et il le reconnut plus tard, lorsqu'une critique acerbe et peu indulgente vint apprécier à sa juste valeur le mérite de ses productions littéraires. A son début, comme nous l'avons dit déjà, il ne reçoit qu'éloges et que faveurs. De jolies bouches font voler à ses oreilles de gracieux compliments; de charmants sourires répondent à la lecture de ses vers prétentieux.—

C'est le moment de parler de cette société du xviiie siècle,
si corrompue à la fois et si élégante.

La corruption des mœurs au sein d'une société est toujours le signe le plus certain de prochaines commotions
politiques ou sociales. C'est du sein de la décomposition
que naît le renouvellement. L'époque où vivait Saint-
Marc était profondément corrompue ; mais cette lèpre morale rongeait surtout les classes élevées. La noblesse avait
joué son rôle ; elle se dissolvait en quelque sorte. Les
mœurs féodales ne pouvaient durer longtemps avec l'ex-
tinction graduelle de la féodalité. Mais avouons un fait à
l'avantage de la noblesse : au milieu de cette dissolution
des mœurs où l'homme et la femme en étaient venus à ne
plus respecter la sainteté du mariage, et, par contre, à ne
plus reconnaître le rôle profondément utile, les devoirs
essentiellement moraux du père et de la mère de famille ;
au milieu de cette corruption des mœurs, les nobles dames, les grands seigneurs avaient su conserver le goût
des lettres, le sentiment du beau, les grâces de l'esprit.

C'est que si l'on accordait beaucoup aux sens à cette
époque, si l'amour était surtout le libertinage, il faut dire
que les esprits n'étaient point du tout portés aux spécula-
tions d'argent. Les philosophes les plus matérialistes,
ainsi que leurs disciples, faisaient très-peu cas de la fortune, et s'ils cherchaient parfois à s'enrichir, c'était pour
garantir la sûreté de leur personne et assurer le triomphe
de leurs idées. Un bon écrivain était plus considéré qu'un
illustre financier. La société du xviiie siècle admettait
très-bien les jouissances matérielles, mais elle y mêlait
aussi celles de l'esprit. Une grande dame ne se gênait
guère pour faire infidélité à son mari ; mais le plus souvent son amant était un homme illustre dans les lettres
ou dans les sciences. On cherchait les agréments d'une
conversation spirituelle ; on prêtait l'oreille même aux

questions de la plus haute importance, on discutait longuement ; en un mot, on vivait par le cœur et par la pensée. C'était l'époque où les bureaux d'esprit étaient le plus
en vogue ; ils étaient présidés surtout par les femmes.
Mme Geoffrin, Mme du Deffand, Mlle de Lespinasse, Mme de
Boufflers se disputaient l'honneur de réunir dans leurs
salons les hommes les plus spirituels et les penseurs les
plus profonds. D'autres les imitaient, qui, ayant peut-
être moins de célébrité, n'avaient pas moins d'esprit
qu'elles. Heureux siècle, où l'esprit philosophique l'em-
portait sur l'esprit industriel, où l'on s'agitait pour une
question de littérature ou de musique, où l'on ignorait
les préoccupations stériles de la Bourse, les perplexités
inouïes de la hausse et de la baisse, la soif effrénée des
richesses, où la pensée, l'art, la vérité suffisaient pour en-
tretenir l'enthousiasme et l'admiration dans les cœurs !

Maintenant, cette société que nous avons peinte à
grands traits, Saint-Marc va nous la montrer, en détail,
dans ses côtés les moins brillants : c'est dans une épître
adressée à l'un de ses amis. Le tableau est vrai et piquant.
Laissons parler l'auteur :

Je vais d'abord parler, pour votre amusement,
  De cette veuve si jolie,
  Chez qui je vous vis fréquemment.
Eh bien ! elle a troqué son rouge et son amant
  Contre un des disciples d'Élie,
  Qui la conduit heureusement
  Ou dans l'une ou vers l'autre vie.
  Vous riez de nos jeunes gens
  Dont la verbeuse confiance
  Disserte sur chaque science,
  Prononce sur tous les talents ;
  De ces jeunes Docteurs que vante
  La sottise de leurs parents,

> De ces hommes faits à quinze ans
> Pour n'être qu'enfants à quarante.

Voici une autre face du tableau :

> Puisse vous paraître comique
> L'un de nos délires nouveaux,
> Notre guerre sur la musique !
> Qu'il fait beau voir les généraux,
> Qu'on trouve assez souvent rivaux
> En ignorance de Tactique,
> Se défier avec dédain,
> Et, pour l'honneur de l'Harmonie,
> Pour celui de la Mélodie,
> S'armer, et combattre soudain
> A toute outrance, plume en main !

Saint-Marc dirige aussi ses traits

> Sur ceux qui, follement épris,
> Rappellent, avec nos Laïs,
> Les usages, les mœurs d'Athènes.
> Plus leurs succès sont à haut prix,
> Plus ils s'honorent de leurs chaînes.
> Chacun d'eux veut qu'aux boulevards,
> Sa Belle richement ornée,
> Soit pompeusement promenée
> Pour y fixer tous les regards,
> Pour qu'on la suive, qu'on admire
> Son char, l'or de ses vêtements,
> Sa parure de diamants.

Un dernier trait fera ressortir l'ensemble de cette appréciation :

> Évitez surtout la manie
> Trop ordinaire dans nos jours,
> La malheureuse épidémie
> De ces dames qui font des cours
> Ou de physique ou de chimie.

Saint-Marc venait assez souvent visiter Bordeaux ; il passait quelquefois la belle saison dans son château de ·Razins. Il est assez curieux pour nous de connaître la physionomie de Bordeaux à cette époque. Saint-Marc nous la présente dans une épître sur les *plaisirs et les biens de la campagne*. Il arrive dans la capitale de la Guyenne, et s'écrie :

> Quel spectacle imposant tout à coup m'environne !
> J'aperçois sur les flots de l'altière Garonne
> Vingt pavillons divers, déployés et flottants,
> Mais sagement rangés à l'abri des autans.
> Pourrait-on, à l'aspect de cette auguste entrée,
> Qui présente une rade en croissant échancrée,
> Douter qu'en d'autres temps, la sœur du Dieu du jour
> N'ait préféré Bordeaux à tout autre séjour ?

Cette ville venait d'être dotée d'un superbe monument : son théâtre. Saint-Marc en parle avec enthousiasme :

> Vous, qu'un sol étranger rendit trop idolâtres,
> Accourez, admirez le plus beau des théâtres ;
> Ce chef-d'œuvre des arts, ce fameux monument,
> Au dedans, au dehors pompeux également.

On sait combien le grand architecte Louis eut de difficultés à vaincre, de jalousies à combattre, de sarcasmes à subir avant de pouvoir définitivement élever l'admirable édifice qui assure à son nom une éternelle renommée. Le célèbre artiste était doué de ces nobles qualités qui distinguent tous les hommes d'un génie exceptionnel : il avait la foi en lui-même et l'inébranlable persistance dans l'achèvement de son œuvre. Son rare mérite est désormais sanctionné par la postérité reconnaissante. Mais, au temps de l'édification du théâtre de Bordeaux, il eut aussi des admirateurs enthousiastes, entre autres le marquis

de Saint-Marc, qui, le jour de l'inauguration de la salle,
adressait à Louis l'impromptu suivant :

Ce jour, enfin, Louis, au Temple de mémoire
Voit inscrire ton nom, et tes nobles travaux.
    Nos neveux, ainsi que l'histoire,
    Ne pourront parler de Bordeaux
    Sans parler aussi de ta gloire.
Vainement contre toi dirigea ses serpents
    La sombre et criminelle Envie :
La main de la Justice a pris la faulx du Temps,
    Et les a fait tomber sans vie.

  . . . .

Jouis de ton triomphe. Entends, de toutes parts,
    Honorer en toi le grand homme
Par qui l'heureuse France, asile des beaux arts,
Ne doit plus envier ni la Grèce ni Rome.

Louis avait été aussi puissamment aidé par le concours
et les encouragements du duc de Richelieu, ce fameux
héros de Voltaire, héros très-brave à coup sûr, mais de
mœurs fort dissolues et d'idées souvent fort étroites. Une
qualité rare chez un militaire, commune au xviiie siècle,
lui faisait pardonner ses vices : il avait un vif amour des
arts, et Bordeaux doit à la grande influence du célèbre
maréchal de posséder son théâtre. Saint-Marc adressa à
Richelieu les vers suivants, qui furent inscrits au bas des
dessins de la salle de comédie :

Dans Bordeaux, aujourd'hui, pour la gloire des arts,
Tu fais ce qu'autrefois Gênes, dans ses remparts,
    Fit, et sut faire pour ta gloire.
Ainsi ces deux cités, par un grand monument,
    Vont attester également,
    Et tes bienfaits et ta victoire.

Lorsque le monument fut ouvert au public, la splen-
deur de ses décorations intérieures fut aussi un sujet de

critique, cette fois de la part des jeunes beautés borde-
laises ; mais ce fut une critique qui tenait plus de l'éloge
que de la satire ; critique née d'un sentiment de coquetterie de la part de gracieuses spectatrices, s'inquiétant de
ce que les ornements pompeux de la salle du théâtre faisaient pâlir en quelque sorte l'éclat de leurs visages. Elles
adressèrent la pétition suivante à Louis. Nous croyons,
sans oser l'assurer pourtant, que cette pétition en vers a
été écrite par M. de Saint-Marc. Ce que nous pouvons cer-
tifier, c'est qu'elle est inédite :

Les dames de Bordeaux à M. Louis.

Le bien qu'on dit de toi ne doit fâcher personne.
Louis, avec raison, Saint-Marc t'a célébré.
Mais on voit quelques fleurs manquer à ta couronne,
Et ton triomphe encor doit être différé.
Toi-même, pourrais-tu t'applaudir d'un ouvrage,
Quand il devrait conduire à l'immortalité,
Si pour nous ce chef-d'œuvre est un désavantage?
Nous l'éprouvons, Louis : il nuit à la Beauté.
Hélas ! pour souffrir moins d'un sentiment pénible,
Il a fallu du teint doubler le coloris.
Inutiles efforts, dont la peine est sensible,
La rose dans ta salle a la pâleur du lys !
Tu vois que, sans regret, d'entre nous les plus sages
Au désir d'applaudir ne sauraient succomber.
Eh ! pourrions-nous gaîment t'accorder nos suffrages,
Dans l'endroit le plus propre à nous en dérober?
Répare cette erreur : tu peux mieux que tout autre
Du mal que tu nous fais abréger les tourments.
Que ton mérite enfin s'accorde avec le nôtre,
Intéresse l'amour à l'honneur des talents.
Louis, de tes travaux nous dispensons la gloire,
Le mérite n'est rien à côté des attraits.
L'homme a tant d'intérêt, de penchant à nous croire :
Un refus de ta part détruirait tes succès...

> Mais plutôt, adoptant nos volontés chéries,
> Fais qu'en ce lieu charmant tout mortel transporté,
> Célèbre ton savoir et nous trouve jolies,
> Qu'il l'admire, nous aime, et s'en aille enchanté.

La réponse de l'artiste aux dames de Bordeaux fut, par exemple, écrite, nous pouvons l'affirmer, par le marquis de Saint-Marc. La voici :

> Sexe charmant à qui tout rend hommage,
> Puisqu'il le faut, sachez tous mes secrets :
> Si l'on eût bien vu tes attraits
> Aurait-on pu s'occuper de l'ouvrage ?

Comme on voit, la pétition des jeunes dames de Bordeaux fut très-bien accueillie ; mais elle excita, à ce qu'il paraît, la mauvaise humeur des *belles-mères*, beautés de la seconde ou troisième jeunesse, auxquelles les brillantes décorations de la salle donnaient au contraire une partie de l'éclat qu'elles avaient perdu. Elles pétitionnèrent à leur tour :

Les belles-mères, à M. Louis.

> Des femmes de vingt ans n'écoute pas les plaintes,
> Louis, et ne crois point ton chef-d'œuvre manqué ;
> Non, les règles de l'art n'y furent point enfreintes ;
> Le tien nous embellit : nous l'avons remarqué.
> Qu'importe la pâleur de que'ques brus fâcheuses !
> Ah ! cette adresse encore ajoute à tes talents.
> Bien plus que nous, Louis, elles étaient heureuses.
> Mais tu nous mets au pair : on nous croit à trente ans.
> Sur nous, comme autrefois, tous les yeux se promènent,
> Même avec la lorgnette on nous veut approcher.
> Des plus fins connaisseurs les regards se méprennent,
> Et le plaisir encore a l'air de nous chercher....
> Qu'une fille à quinze ans dans ce lieu soit jolie,
> Sont-ce donc là de l'art des effets surprenants ?

> Le mérite suprême et l'effort du génie
> Est que la mère y trouve aussi des partisans.
> Du rouge, s'il le faut, on peut tripler la dose,
> Mais de nos brus, Louis, écarte les clameurs.
> Laisse-les regretter tout l'éclat de la rose,
> Et conserve à nos yeux le même feu qu'aux leurs (1).

La salle du théâtre était, sans doute, d'une admirable beauté à Bordeaux ; mais il paraît que le goût littéraire n'avait pas grande faveur dans cette belle cité. Les ballets et les opéras attiraient surtout l'attention des curieux, et l'indifférence du public accueillait les tragédies de Racine et même les comédies de Molière. Saint-Marc s'écrie :

> Quoi ! les charmes d'Euterpe et ceux de Polymnie
> Pourraient-ils en bannir Melpomène et Thalie ?
> Mais j'ai trop entendu dans son parvis sacré
> La gémissante voix du goût désespéré.

Cet affaiblissement du goût dans la littérature à cette époque commençait du reste à se généraliser de plus en plus en France, et Voltaire écrivait, en 1775, à M. de Thibouville : « Vous n'avez au Théâtre-Français que des » marionnettes, et, dans Paris, que des cabales ! Mes an- » ges ! mes pauvres anges ! le bon temps est passé ; vous » avez quarante journaux, et pas un bon ouvrage ; la bar- » barie est venue à force d'esprit. Que Dieu ait pitié des » Welches ! Vous vivez au milieu d'une nation égarée » qui est à table depuis quatre-vingts ans, et qui demande, » sur la fin du repas, de mauvaises liqueurs, après avoir » bu au premier service d'excellent vin de Bourgogne. »

Mais, pour en finir avec Bordeaux et les mœurs de ses habitants, ajoutons un dernier trait au tableau :

« A Bordeaux, dit Marmontel dans ses Mémoires, je fus

____

(1) Ces vers et les précédents, qui sont inédits, m'ont été communiqués par M. Jules de Gères.

» accueilli et traité aussi bien qu'il était possible, c'est-à-
» dire qu'on m'y donna de bons dîners, d'excellents vins,
» et même des salves de canon des vaisseaux que je visi-
» tai. Mais quoiqu'il y eût dans cette ville des gens
» d'esprit et faits pour être aimables, je jouis moins de
» leur commerce que je n'aurais voulu. Un fatal jeu de
» dés, dont la fureur les possédait, noircissait leur esprit
» et absorbait leur âme. J'avais tous les jours le chagrin
» de voir quelqu'un navré de la perte qu'il avait faite. Ils
» semblaient ne dîner et ne souper ensemble que pour
» s'entr'égorger au sortir de table ; et cette âpre cupidité,
» mêlée aux jouissances et aux affections sociales, était
» pour moi quelque chose de monstrueux. Une autre cause
» altérait le plaisir que m'aurait fait le séjour de Bordeaux :
» la guerre maritime faisait des plaies profondes au com-
» merce de cette grande ville. Le beau canal que j'avais
» sous les yeux ne m'en offrait que les débris ; mais je me
» formais aisément l'idée de ce qu'il devait être dans son
» état paisible, prospère et florissant. »

Suivons le marquis de Saint-Marc dans son château de
Razins : nous aurons l'occasion d'ajouter quelques traits
à sa physionomie, et de donner une idée de son habitation rurale, qui fut aussi le lieu où il naquit. Laissons-le
parler lui-même :

Sans délai, sans détour, arrivons au village
Que des ormes touffus et courbés en berceau,
S'étendant sur deux rangs, joignent à mon château
Qui jadis me reçut des mains de la nature.
Passons à ce manoir d'antique architecture.
Dix hôtes constamment y peuvent être admis.
Ah ! qu'il me serait doux d'y voir autant d'amis !

Nous connaissons le château, voyons le jardin :

Mon jardin, il est vrai, n'est point de nouveau style
Mais en ombrage, en fleurs, en fruits il est fertile

> Tout m'y plaît, doit m'y plaire, et j'y ris, par accès,
> Des rêves, des abus de nos Anglo-Français
> Dont l'art imitateur dans ses arpents rassemble
> Tant d'objets étonnés de s'y trouver ensemble...

Saint-Marc préfère aussi le calme des champs à l'agitation de la grande ville :

> Parfois, me reposant à l'ombre d'un vieux frêne
> Dont les rameaux au loin couvrent la molle arêne,
> Seul avec mes regrets, je pense et réfléchis
> Au temps que j'ai perdu dans ce fameux Paris.
> . . . .
> Mais, aux champs, quels attraits, quelle volupté pure !
> C'est là que l'on se sent plus près de la nature.
> . . . .
> Quel charme, quel plaisir, et même quel bonheur
> Me fit, hier, goûter un jeune laboureur
> Qui, lorsque le soleil terminait sa carrière,
> Ramenait, en chantant, ses bœufs dans la chaumière.
> . . . .
> Quelquefois je m'amuse à poursuivre à la chasse
> Le gibier dont le chien me découvre la trace.

Voilà des journées qui, je l'espère, s'écoulent paisiblement. La contemplation, la promenade, la chasse, occupent les loisirs du poète. A ces plaisirs variés, il faut ajouter l'inspiration poétique :

> Je goûte encor pourtant dans quelque solitude
> Des moments que ramène une longue habitude.
> Les Muses en tout temps se plurent dans les bois.

Saint-Marc n'improvisait pas seulement des vers à la campagne, il y répandait aussi de nombreux bienfaits. L'anecdote suivante, qu'il nous raconte, peint l'excellence de son cœur :

On m'apprend qu'un vieillard, mon fermier d'un hameau,
Ne veut point que l'amant préféré par sa fille,
Mais non par la fortune, entre dans sa famille.
Non, non, me suis-je dit, non, de vains sentiments
N'auront point engagé les cœurs de ces amants.
Ils compteront enfin de plus douces années.
Une somme légère unit leurs destinées,
Et l'hymen se prépare à consacrer mes soins.
Je fais donc deux heureux pour un bijou de moins.

Il est doux de faire des heureux, même lorsqu'ils vous inspirent des vers médiocres. Saint-Marc se plaît à détailler le tableau de cette noce champêtre, et nous y voyons le grand seigneur au milieu de ses paysans, n'oubliant pas toutefois qu'il est noble châtelain, mais tâchant de le faire oublier à ceux qui l'environnent par ses façons aimables et par son indulgente familiarité :

O fortuné moment ! ô charme inexprimable
De les voir, avec moi, tous assis à ma table
Que préside gaîment notre digne pasteur;
Tous heureux, quoique moins, je crois, que leur seigneur !

Il nous faut revenir à Paris, le vrai centre de la réputation du marquis de Saint-Marc. Nous avons un peu anticipé sur la marche des événements. Les concitoyens de notre auteur l'avaient élu membre de l'Académie de Bordeaux. Il avait donc un titre sérieux, et un titre de plus, pour se lancer d'un pas plus ferme dans la carrière des lettres. Ses poésies fugitives, nous l'avons vu, avaient généralement réussi au sein de la société parisienne; elles avaient plu surtout aux femmes, qui s'y trouvaient adroitement louées. Saint-Marc y mêla aussi quelques poésies sérieuses où se reflétaient ses principes de nationalité et sa vive admiration pour l'antique chevalerie. Mais si

l'épître *aux Français détracteurs de la France* exprime un
sentiment patriotique et national, elle ne dénote point
chez l'auteur une grande perspicacité philosophique. Voltaire était certainement très-Français ; mais il comprenait, il encourageait même cette tendance de nos écrivains
et de nos élégants marquis à se familiariser avec les
principes ou les modes des Anglais. Cette tendance pouvait être excessive sans doute ; elle était fort utile au
développement des idées politiques en France. Où au-
rions-nous appris à devenir libres, à cette époque, si ce
n'est en Angleterre? Chaque peuple a sa nationalité ; mais
elle ne doit point être une barrière aux progrès de l'humanité. C'est le trait original qui distingue la physionomie
de chaque nation : ce ne doit plus être l'occasion d'une
jalousie réciproque et fatale. Au-dessus des Français, des
Anglais, des Russes, etc., il y a l'homme, et l'homme est
de toutes les nations.

Le marquis de Saint-Marc était chevalier ; il admirait
les anciens preux, et en cela il avait raison, au point de
vue de leur valeur militaire et de leur dévouement pour
les dames. Mais ce respect, en quelque sorte poétique et
pur pour la femme, avait dégénéré en galanterie spirituelle et légère. Les chevaliers du XVIIIe siècle, loin de
sauvegarder, ainsi que leurs ancêtres, l'honneur des
dames, se montraient presque toujours galants en vue de
le leur faire perdre. Disons, pour être dans le vrai, que
les marquises et les comtesses, à cette époque, n'avaient
plus la pudique retenue des nobles châtelaines du moyen
âge, et que surtout elles étaient moins surveillées par
leurs maris. Conserver une flamme secrète et pure au
fond de leur cœur était un miracle au-dessus de leurs
forces : elles comprenaient bien le devoir, mais elles ne
savaient pas l'appliquer. Et comme le disait spirituellement Voltaire :

> Un seul baiser, un seul amant,
> Chez les bergères d'à-présent,
> Est la vertu la plus parfaite.

Le marquis de Saint-Marc était un chevalier du xviiie siècle; mais il avait un respect réel et profond pour la chevalerie du moyen âge. Il en comprenait la grandeur, il en saisissait la portée, il démêlait très-bien le progrès que cette belle institution avait fait faire à l'affranchissement moral de la femme. C'était, en quelque sorte, la première garantie sociale qu'elle obtenait. Sa beauté, sinon son intelligence, la plaçait tout à coup au rang élevé que lui avait marqué la Providence. A cette époque de barbarie, c'était un rayonnement de la civilisation que cette adoration gratuite et poétique de la femme. On n'adorait plus la femme au temps du marquis de Saint-Marc, on lui faisait la cour. Notre héros s'y entendait merveilleusement; il avait toutes les qualités nécessaires à cette fin : il était bien fait, il avait de belles manières, de la grâce, de l'esprit naturel. Il obtint beaucoup de succès : un chevalier aussi bien armé ne pouvait manquer de vaincre.

Ce fut cette passion pour la chevalerie antique qui fit tenter un opéra au marquis de Saint-Marc. Il soutenait avec enthousiasme, au sein d'une société, la valeur morale et poétique de cette institution. Le théâtre, selon lui, pouvait s'enrichir d'un spectacle à la fois attrayant et utile, en offrant au public un brillant tableau des mœurs chevaleresques. C'est alors qu'on le mit au défi d'être l'auteur de cette nouveauté, et qu'il travailla immédiatement à l'opéra d'*Adèle de Ponthieu*. Le marquis de Saint-Marc avait déjà fait représenter, en 1770, une pastorale, la *Fête de Flore*, que le public avait accueillie avec indulgence. *Adèle de Ponthieu*, représenté en 1772, obtint un grand succès. L'auteur reçut beaucoup d'éloges et d'encouragements, entre autres une lettre du poète Dorat et une autre de Fréron. Je citerai la lettre du rédacteur de l'*Année littéraire,* parce qu'elle a l'avantage d'être inédite:

« C'est moi qui dois mille remercîments à M. de Saint-
» Marc, de m'avoir procuré le plaisir de voir un des
» opéras les plus beaux et les plus vrais qu'on ait donnés
» sur le théâtre lyrique depuis son origine. J'avais prié
» M. Dorat d'en témoigner à M. de Saint-Marc ma satis-
» faction et ma reconnaissance. Je ne sais s'il l'a fait;
» j'en doute, car je l'avais prié en même temps de m'en-
» voyer l'adresse de M. de Saint-Marc, pour aller moi-
» même lui faire mon compliment et mes remercîments,
» et M. Dorat ne m'en a pas instruit.

» L'épître que M. de Saint-Marc vient de m'envoyer est
» très-jolie; je l'inserrerai sûrement dans mes feuilles,
» dût-elle être imprimée (comme elle le mérite) dans tous
» les journaux.

» Je le prie d'agréer mon respectueux attachement (¹).

» A Fantaisie, samedi matin, 26 décembre 1772. »

Aux éloges se mêlent presque toujours les critiques. D'après la *Ruche d'Aquitaine,* il paraît que Saint-Marc « fut très-amèrement critiqué dans un journal, par un » homme qui lui devait de l'argent, et qui oublia tout à » fait sa dette pour ne voir que les défauts de l'ouvra-» ge (²). »

« Je vois bien, dit le marquis de Saint-Marc, que cet » homme se souvient d'avoir été mon obligé : le malheu-» reux, il a plus de mémoire que moi (³)! » Cette ré-flexion est à la fois fine et débonnaire. Toutefois, la cri-tique fut un stimulant utile pour Saint-Marc; il se fit un

(¹) J'ai trouvé cette lettre dans les papiers que m'a commu-niqués M. de Laroze. Elle est autographe.

(²) Article de la *Ruche d'Aquitaine.*

(³) Éloges de M. de Saint-Marc, par Jouannet.

devoir de réparer, autant qu'il lui était possible de le faire, les faiblesses de son œuvre, et *Adèle de Ponthieu* reparut, en 1775, sur le théâtre de l'Académie de Musique, avec des corrections de style et même d'ensemble. Enfin, cet opéra fut encore remis sur la scène en 1781, avec une nouvelle musique de Piccini.

Saint-Marc était en train d'écrire. Il publia successivement plusieurs petits opéras, et osa même retoucher l'*Alceste*, de Quinault.

Malgré le succès de ses compositions dramatiques, il ne s'enorgueillissait point extrêmement de sa valeur littéraire ; il n'avait même pas la prétention d'être un homme de lettres. La littérature était surtout, pour lui, le délassement aimable d'un noble seigneur désœuvré. Cette modestie aurait dû lui épargner bien des sarcasmes, entre autres une allusion blessante de Marmontel. Un soir, dans un des salons fréquentés par les écrivains, le marquis de Saint-Marc et l'auteur de *Bélisaire* se trouvèrent en désaccord sur quelques points de littérature. « Monsieur, dit le vain et dédaigneux Marmontel à son interlocuteur, nous *autres gens de lettres* nous pensons tout autrement. » M. de Saint-Marc, justement blessé de cette épigramme envenimée, répondit avec beaucoup de sens et de dignité : « Monsieur, si je ne compte point parmi les gens de lettres, je compte au moins parmi les gens polis ; en cette qualité, j'ai droit d'exiger quelques égards, et je vous prie de ne pas l'oublier. »

Ces piqûres faites à son amour-propre d'auteur, n'empêchèrent point Saint-Marc de songer à la publication de ses œuvres. Il fit imprimer, en 1775, ses *opéras* et ses *fugitives*. La plupart des journaux du temps, et surtout le *Mercure* et l'*Année littéraire*, en saluèrent l'apparition par un compte-rendu très-élogieux. Saint-Marc avait l'esprit sceptique, comme la majorité des écrivains de son

siècle ; il se permit des plaisanteries sur les moines et sur
les prêtres, mais il n'eut jamais, je crois, des opinions
bien arrêtées au point de vue religieux. Il faisait aussi facilement l'éloge de Fréron que celui de Voltaire. C'était
un de ces hommes qui reçoivent l'influence des idées de
leur siècle, mais légèrement et sans jamais les approfon-
dir. Il n'avait en quelque sorte que le vernis de l'esprit
philosophique ; il devait revenir et il revint en effet très-
facilement au bercail du catholicisme. Une lettre de
Voltaire avait sans doute plus de valeur pour lui qu'un
article de l'*Année littéraire*; mais un grain d'encens, d'où
qu'il vînt, lui faisait naturellement plaisir, et il adressait
également un sourire au philosophe ou au jésuite qui voulait bien le complimenter.

Le marquis de Saint-Marc continuait à vivre en homme
du monde ; il hantait les plus brillants salons ; il avait
toujours les mœurs faciles et légères. A cette époque,
il eut quelque temps pour maîtresse Mlle Arnoult, la
célèbre actrice, célèbre encore plus par ses propos très-
lestes, mais fort spirituels. C'est elle qui, à son lit de
mort, disait au prêtre qui venait lui administrer l'extrême-
onction : « Je suis comme sainte Magdeleine, il me sera
beaucoup pardonné, parce que j'ai beaucoup aimé. » Elle
avait, en effet, beaucoup aimé, attendu qu'il serait impossible d'énumérer le nombre de ses amants. Elle avait
donné à M. de Saint-Marc un singulier nom : elle l'appe-
lait *ma petite commère*.

Mais, arrivons à la circonstance qui fait le plus d'honneur à la réputation de Saint-Marc et qui assure presque
l'immortalité à son nom : nous voulons parler du couronnement du buste de Voltaire, à cette fameuse repré-
sentation d'*Irène*, en 1778, où l'illustre philosophe put
assister lui-même à son apothéose. Ce mémorable événement a été bien souvent raconté. Nous citerons la narra-

tion de M. de Saint-Marc. Lui-même nous fera connaître
la part qu'il prit dans cette belle manifestation de l'o-
pinion publique en faveur d'un grand écrivain :

« Comment, dit-il, pourrait-on se faire une idée juste
» des transports que M. de Voltaire fit naître en parais-
» sant dans la salle ? Jamais il ne fut de triomphe plus
» flatteur ! On lui met une couronne sur la tête, et il l'ar-
» rache sans vouloir la reprendre, malgré les vœux du
» public. La tragédie d'*Irène* commence, et pour être
» sans cesse applaudie.

» Me trouvant incommodé de la chaleur, je descends
» dans le foyer au commencement du quatrième acte. Je
» vois que l'on emporte le buste de M. de Voltaire. Je
» demande à Mlle Fannier ce que l'on veut faire de ce
» buste. Elle me répond que ses camarades viennent de
» décider, à l'instant, de le placer, entre les deux pièces,
» sur le théâtre pour l'y couronner de lauriers. Je de-
» mande si cette scène sera muette. On me répond
» qu'oui ; et sur ce que je parais appréhender qu'elle ne
» soit un peu froide, Mlle Fannier emploie vivement tous les
» charmes de sa séduction pour m'engager à faire vite
» quelques vers qui puissent être débités au moment du
» couronnement. Plusieurs personnes qui l'environnent
» joignent leurs instances aux siennes. Je résiste, en di-
» sant qu'il serait trop téméraire à qui que ce soit de faire
» un impromptu pour M. de Voltaire, et de le présenter
» au public. Cependant, échauffé de l'enthousiasme gé-
» néral, je demande un crayon et du papier, et, sur le
» coin de la cheminée, en quatre minutes exactement, je
» fais ces vers, auxquels je ne me suis pas permis le plus
» léger changement avant leur impression, qui a été si
» souvent répétée. On les porte aussitôt à Mme Vestris,
» qui joue le rôle d'Irène.

» La tragédie se termine, et les applaudissements re-

» doublent. La toile se baisse. Elle se relève, et laisse voir
» le buste de M. de Voltaire, entouré de plusieurs bran-
» ches de laurier et environné d'une grande partie des
» comédiens, qui offrent des couronnes à ce buste. Le
» fond du théâtre est rempli d'une foule de spectateurs
» que, par extraordinaire, on avait laissé entendre la
» tragédie dans les coulisses. Toute la salle applaudit
» avec transport pendant plus de cinq minutes. Mme Ves-
» tris, avant de couronner le buste, ce que font ensuite,
» à son exemple, les autres comédiens, s'avance, et lit ces
» vers, qui sont accueillis avec un transport égal. Des
» larmes d'attendrissement coulent de tous les yeux. On
» crie *bis* de toutes parts, et le second récit de ces vers
» obtient encore des applaudissements généraux. »

Voici les vers qui furent improvisés par le marquis de
Saint-Marc :

> Aux yeux de Paris enchanté,
> Reçois en ce jour un hommage
> Que confirmera, d'âge en âge,
> La sévère postérité.
> Non, tu n'as pas besoin d'atteindre au noir rivage
> Pour jouir des honneurs de l'immortalité.
> Voltaire, reçois la couronne
> Que l'on vient de te présenter.
> Il est beau de la mériter
> Quand c'est la France qui la donne.

« Ces vers, dit Grimm dans sa correspondance, avaient
au moins le mérite du moment. Le public y a trouvé une
partie des sentiments dont il était animé, et cela suffisait
pour les faire recevoir avec transport. On les a fait répéter à Mme Vestris, et il s'en est répandu mille copies
dans un instant. »

Saint-Marc lui-même n'accordait point à son impromptu

une grande valeur littéraire, et il disait avec beaucoup de
modestie, en faisant allusion à ses vers et à l'enthousiasme de cette fameuse soirée : « Quand tout le monde
est ivre, il n'y a pas de mauvais vin. »

Voltaire, qui était très-sensible à la louange, et qui, en
retour, savait admirablement la tourner, adressa la lettre
suivante au marquis de Saint-Marc :

« Monsieur, j'ai appris que c'est vous qui daignâtes
» hier vous amuser à me donner l'immortalité dans les
» plus jolis vers du monde. Ils ont apaisé les souffrances
» que la suite de ma maladie me fait éprouver. Si je ne
» suis pas encore en état de vous répondre dans le lan-
» gage charmant dont vous faites un si bel usage, je vous
» supplie du moins d'agréer ma vive reconnaissance et le
» respect avec lequel j'ai l'honneur d'être, etc. »

Ce n'était point assez pour le philosophe de Ferney de
louer le marquis de Saint-Marc en prose, il lui envoya
quelques jours après les jolis vers suivants :

Vous daignez couronner, aux yeux de Melpomène,
D'un vieillard affaibli les efforts impuissants.
Ces lauriers dont vos mains couvraient mes cheveux blancs,
    Étaient nés dans votre domaine.
On sait que de son bien tout mortel est jaloux ;
Chacun garde pour soi ce que le ciel lui donne.
    Le Parnasse n'a vu que vous
    Qui sût partager sa couronne.

Saint-Marc publia en 1781 une nouvelle édition de ses
œuvres, ornée de son portrait et de très-fines vignettes.
Cette édition en trois volumes, imprimée chez Didot,
outre les opéras et les poésies, renfermait aussi les *Réflexions sur l'opéra* et les *Demi-drames*. Mais la plus belle
édition de ses œuvres est celle de 1785, en deux forts volumes d'une très-belle impression et magnifiquement re-

liés ; elle sortit de l'imprimerie de *Monsieur* et fut dédiée par Saint-Marc au roi de Suède. Il reçut à cette occasion une lettre très-élogieuse de Gustave III.

Saint-Marc avait le même défaut que Dorat. Ses productions littéraires étaient toujours très-richement illustrées. Des œuvres coquettes devaient être naturellement imprimées avec coquetterie. On espérait que le public, en admirant la reliure et les ornements du livre, serait aussi porté à admirer ce qu'il contenait. Ce n'était peut-être pas trop mal raisonné dans un moment où le bon goût se perdait, surtout en poésie. Les moindres opuscules de Dorat, par exemple, étaient illustrés d'estampes et de vignettes en taille-douce ; ce qui faisait dire à l'abbé Galiani : « Ce poète se sauve du naufrage de planche en planche. »

Les luxueuses éditions de Saint-Marc lui attirèrent de même les plaisanteries un peu aigres de Rivarol, dans le *Petit almanach des grands hommes* : « M. le marquis » de Saint-Marc, si inconnu malgré trois chefs-d'œuvre à » l'Opéra, où il a refait Quinault, et malgré un beau qua-» train qu'il s'est fait à lui-même au bas de son portrait » couronné de lauriers, de roses, de trompettes, et dans » lequel, en parlant de son talent actuel, il rappelle sa » figure passée. Qui croirait qu'après tant de précautions » contre l'oubli, M. de Saint-Marc fut si inconnu ? Com-» ment la gloire ne s'est-elle point attachée à un poète » qui lui préparait un asile digne d'elle, en papier, en do-» rure, en gravure, et avec tout le luxe de la typographie, » tandis qu'elle poursuit souvent un ignoble bouquin sur » nos quais ou dans la poudre des boutiques ? Ces ca-» prices sont bien incompréhensibles. » Quoi qu'en dise Rivarol, Saint-Marc n'était point aussi complétement ignoré qu'il veut bien le prétendre. La preuve en est dans les félicitations en prose et en vers dont le gratifièrent beaucoup de personnages célèbres, parmi lesquels on distingue d'Alembert, dont nous citerons la lettre inédite en analysant les *Demi-drames* du marquis de Saint-Marc.

A l'époque où nous sommes arrivés, les esprits commençaient à s'échauffer sérieusement en France. On était sous le ministère de Calonne et sur la pente de la banqueroute. Saint-Marc se laissait entraîner, comme la majorité des Français, par l'impulsion des événements. Il se mêlait aussi de lancer sa pointe, son sarcasme contre les ministres. Nous avons trouvé dans ses papiers un petit dialogue en vers inédits, sur les contrôleurs des finances, et qui nous paraît assez curieux à citer :

DIALOGUE.

1

> Par ma foi, Monsieur de Calonne
> Doit être bien embarrassé,
> Et je crois, Dieu me le pardonne,
> Qu'il sera bientôt remplacé.

2

Et par qui?

1

> Par Foulon.

2

> La chose est impossible.

1

Impossible, Monsieur?

2

> Écoutez un moment :
> Je vais en deux mots simplement
> Vous en donner une preuve sensible.
> De tous les temps, messieurs les contrôleurs
> Ont alterné, fripon, puis honnête homme.
> Pour juger ces fripons comme leurs successeurs,

> Il suffit qu'ici je les nomme :
> Après le fameux Laverdi,
> D'Invaux a paru sur la scène.
> Après Terrai, Turgot, ensuite après Clugni
> A Taboureau Necker uni.
> Fleuri se vit en place à peine,
> Que lui succéda d'Ormesson.
> Ainsi, sans que plus j'en raisonne,
> Vous voyez bien qu'après Calonne
> Ce n'est pas le tour de Foulon.

En 1787, le marquis de Saint-Marc quitta Paris et vint décidément s'établir à Bordeaux. Il avait cinquante-neuf ans. L'horoscope des médecins qui l'avaient condamné était à coup sûr en défaut. M. de Saint-Marc voulait passer le reste de ses jours auprès de ses parents et de ses amis d'enfance. Peut-être pressentait-il la tempête politique qui allait éclater en France ! Mais il est plutôt croyable qu'il eut assez de sens pour comprendre qu'à son âge le grand monde parisien deviendrait naturellement indifférent pour sa personne.

L'accueil qu'il reçut à Bordeaux de l'élite de ses concitoyens, des gens de lettres et des artistes avec lesquels il avait conservé des rapports bienveillants, fut très-cordial et très-empressé. Il fit l'acquisition d'une charmante habitation située sur le cours d'Albret, et qui porte encore aujourd'hui le nom d'hôtel Saint-Marc. Cette résidence fut richement décorée par lui. Son jardin fut orné de fleurs et de statues, qui toutes reçurent une inscription en vers éclos du cerveau du poète. Des tableaux de genre, tous de l'École française et signés de leurs auteurs, tapissèrent en quelque sorte les boiseries de son cabinet. Saint-Marc avait été très-intimement lié avec le peintre Fragonnard, et c'est par l'intermédiaire de ce célèbre artiste qu'il avait pu acquérir cette collection de tableaux. Nous les avons vus chez M. de Laroze ; ils ont le mérite et les défauts de l'École du xviiie siècle : beaucoup d'éclat, de brillant, de grâce ; mais en même temps de la prétention maniérée et peu de naturel. Nous avons remarqué cependant une Magdeleine éplorée qui nous a semblé un chef-d'œuvre accompli. Le portrait de M. de Saint-Marc s'y trouve aussi dans le costume de chevalier. La physionomie en est fine, distinguée ; elle annonce de l'esprit et de l'amabilité, sinon de la profondeur et de la réflexion.

Saint-Marc poursuivit à Bordeaux à peu près le même genre de vie qu'il avait mené à Paris. Il ouvrit ses salons à la société la plus choisie, entre autres aux avocats, aux hommes de lettres, aux familles nobles, aux riches négociants. Il reçut fréquemment et avec la politesse et la grâce qui étaient le partage de sa nature. Ce fut dans une de ces réunions qu'il remarqua une jeune personne de la plus haute noblesse de la province, et qui descendait, par les femmes, de Michel Montaigne, dont la fille Éléonore s'était unie à la branche des Ségur, fixée en Guyenne depuis le xvie siècle, sous le nom de Ségur-Montaigne. Les grâces de Mlle Sophie de Ségur, son isolement presque absolu dans le monde, car il ne lui restait plus pour appui qu'une mère très-âgée, intéressèrent vivement le marquis de Saint-Marc. A l'âge où les hommes mariés redeviennent très-souvent garçons par le veuvage, il se décida à prendre une femme, et osa offrir sa main à Mlle de Ségur. Le mariage fut célébré en 1792, peu de temps avant la chute de Louis XVI et la proclamation de la République française.

« Saint-Marc, dit la *Biographie universelle,* fut du petit nombre des gens de lettres qui traversèrent la Révolution sans être aperçus. » Cette affirmation n'est pas exacte. D'abord, Mme de Saint-Marc fut exilée à quelques lieues de Bordeaux; mais son mari faillit devenir lui-même une des victimes des proscriptions de l'époque. Il y échappa par une circonstance tout à fait fortuite et très-curieuse à raconter. Les détails nous en ont été communiqués par la famille. Le hasard voulut qu'un comédien de Bordeaux, nommé Huin, connu autrefois de M. de Saint-Marc, fut chargé de faire une visite domiciliaire chez lui et de s'assurer de sa personne. Au moment d'exécuter les ordres qu'il avait reçus, Huin fut frappé de la résignation, du sang-froid et surtout de l'amabilité, de la politesse exquise du noble marquis. Saint-Marc sut, comme on dit, amadouer son homme, et il faut avouer que ce n'était point très-difficile, d'autant plus que Huin avait de très-bons sentiments et point du tout l'allure d'un bourreau. L'artiste, devenu chef d'escorte de police, renvoya ses affidés dans les antichambres, sous prétexte qu'il fallait surveiller les domestiques, et s'entretint quelques instants tête-à-tête avec M. de Saint-Marc. Une apparence de visite domiciliaire fut faite ; un procès-verbal fut dressé à l'avantage de l'auteur dramatique, et M. de Saint-Marc dut à cet honnête comédien l'insigne faveur de n'être pas arrêté. Il ne fut donc point un des hommes de lettres qui passèrent inaperçus pendant la crise révolutionnaire.

A propos de cette grande crise, l'homme de cœur doit se ranger toujours du parti des victimes; mais pendant la Révolution française il y eut des victimes de part et d'autre, et le sentiment de l'humanité doit se placer au-dessus des passions réciproques et ne se laisser guider que par l'impartialité sereine et pure. La grande commotion politique de la fin du xviiie siècle fut comme le torrent qui moissonne tout pour tout renouveler. A moins de nier, comme M. Proudhon, l'intervention de la Divinité dans les événements humains, on ne peut oser mettre en doute que la pensée de Dieu présida à ce terrible bouleversement politique et social qui doit donner naissance au rajeunissement et au nouvel éclat du monde moderne.

Lorsque les mauvais jours de la Révolution furent passés, le marquis de Saint-Marc renouvela chez lui, sur une échelle moins grande il est vrai, les réunions d'autrefois. Il recevait souvent, en petit comité, ses amis intimes, dans son cabinet de tableaux. « Ce n'est point, leur disait-il à ce sujet, un cabinet de tableaux, ce sont plutôt des tableaux de cabinet. » Dans ces petites réunions, où se rendait très-souvent l'un des meilleurs amis de Saint-Marc, le célèbre avocat Ferrère, on discutait quelques points de littérature, on se livrait à la versification improvisée sur un mot indiqué par la société, on faisait des acrostiches, des épigrammes, des madrigaux, etc. C'était une occupation où l'esprit s'exerçait beaucoup plus que dans la plupart de ces conversations stériles et nulles sur la toilette ou l'état du temps, qui divertissent si agréablement la plus grande partie des sociétés bourgeoises d'aujourd'hui.

L'esprit était complétement privé de liberté à cette époque où l'éclat des armes flattait seul les regards du public, et où tout écrivain qui se préoccupait des intérêts de la libre raison était traité d'*idéologue*. Chaque jour apportait à la France une grande victoire ou plutôt une grande moisson d'hommes, et le sang humain rougissant les plaines de l'Europe, il n'était permis à l'âme humaine d'en frémir qu'intérieurement, et la bouche silencieuse n'en pouvait rendre les impressions pénibles. « Dans ces
» jours d'adulation, dit M. Jouannet, où tous les vers
» étaient bons pourvu que la flatterie les eût dictés,
» Saint-Marc eut le courage du silence, autre genre de
» courage plus louable qu'on ne croit chez un vieillard
» qui, pour quelques hémistiches, pouvait rajeunir ses
» myrthes, peut-être même obtenir des récompenses et

» des honneurs (¹). » Cette conduite fait honneur, en effet, au caractère du marquis de Saint-Marc ; mais il fit une faute à cette époque, ce fut de publier une nouvelle édition de ses poésies, revues et corrigées. Il eut la manie de penser qu'à l'âge de quatre-vingts ans on pouvait rajeunir, pour ainsi parler, des inspirations écloses dans le cerveau d'un jeune homme de trente ans. Il voulait à toute force châtier son style ; il ne réussissait qu'à l'affaiblir. Il se fit un devoir rigoureux de ne plus rimer avec des adjectifs, et mit ainsi son esprit à la torture pour produire des vers où le sens était naturellement très tourmenté. Lui qui avait dit autrefois : « Les Muses sont comme les belles, on doit les quitter à un certain âge, » il s'attacha à démentir cet axiome très-sensé, et se prit au contraire à caresser les Muses, à les parer, à leur mendier quelques mauvaises inspirations. Malheureusement, il n'avait point la facilité et la grâce de Chaulieu, et, de plus, une Ninon pour exciter sa verve poétique. Cependant Saint-Marc avait du bons sens et même le sens critique. Il donnait autrefois d'excellents conseils à Dorat, à Lemierre, et comme il disait toujours à ce dernier de bien s'assurer du plan avant d'écrire un ouvrage, Lemierre l'avait surnommé : le *Père au plan.*

Les amis de Saint-Marc l'engagèrent avec ménagement à ne point publier de nouveau ses poésies ; il ne voulut rien entendre. La quatrième édition de ses œuvres, moins les *Demi-drames,* parut donc à Bordeaux, en 1809, imprimée par Pinard. C'était, au demeurant, une fantaisie pardonnable, et, comme la vieillesse est quelquefois une seconde enfance, on pouvait bien pardonner à Saint-Marc un enfantillage. Aussi, les amis auxquels il fit don de quelques exemplaires de son livre, s'empressèrent-

_____

(¹) *Éloge de M. de Saint-Marc,* par Jouannet.

ils de l'en remercier et de flatter même son amour-propre par des éloges qui étaient toujours très-sensibles. Nous citons, entre autres, une lettre en prose et en vers qui lui fut adressée par l'avocat Ferrère :

A monsieur de Saint-Marc.

Pourquoi cette riche parure
La pourpre de ce maroquin,
Le luxe de cette dorure,
Et ce soyeux papier vélin?
Vénus sous le pinceau d'Apelle
Dédaigne de vains ornements :
Ce n'est point par les diamants,
C'est par les Grâces qu'elle est belle :
Les Grâces ont dicté vos vers,
Les Grâces marchent demi-nues,
L'accent de leurs voix ingénues
Fait le charme de leurs concerts.
La noble, la touchante *Adèle* [1]
Doit à sa beauté naturelle
Le suffrage de ses lecteurs.
Faut-il parer ce qu'on adore?
Faut-il à la *Fête de Flore* [2]
D'autres apprêts que ses couleurs?

« Voilà, monsieur et honorable ami, de bien mauvais vers, en échange du riche présent que vous m'envoyez, et qui, donné par l'amitié, pouvait à double titre se passer d'ornements dispendieux. Je lis et relis vos vers, déjà gravés dans ma mémoire depuis tant d'années. J'approuve vos variantes toutes les fois que, loin de mes livres, je me rappelle la première leçon. — Qu'est-ce que cette

[1] *Adèle de Ponthieu,* opéra de Saint-Marc.
[2] *Pastorale du marquis de Saint-Marc.*

surprise que je dois éprouver, dites-vous, à l'occasion de votre aimable livre? Est-elle agréable? Le livre me suffit. Serait-ce quelque injustice, quelque persécution, quelque noirceur? De grâce, différez de me l'apprendre; laissez-moi quelques jours encore le plaisir pur que je goûte en vous lisant; il double pour moi le charme de la campagne et de la solitude; je reverrai bientôt la ville dont vous m'adoucissez le séjour. J'irai de nouveau vous remercier de votre aimable cadeau. Nous relirons *Adèle, Duguesclin,* MM. de Choiseul et de La Fayette, et Mlle T... — qui n'est plus pour moi *lettre close.* — Vous me permettrez surtout de vous parler de ma reconnaissance et de mon honorable et respectueux dévouement.

» Adieu, monsieur et honorable ami ; je reprends un langage que vous m'aviez emprunté, pour vous assurer que, *dans la forme et dans le fonds,* je suis et serai toute ma vie, etc., (1). »

Ferrère parle dans cette lettre d'une *persécution,* d'une *noirceur* que le marquis de Saint-Marc voulait lui annoncer. Nous allons avoir l'explication de cette énigme. « Malgré toutes les cajoleries de ses amis, dit l'article de » la *Ruche d'Aquitaine,* M. de Saint-Marc s'affligeait sé- » rieusement de l'oubli où le laissaient les critiques de la » capitale, lorsqu'enfin un des plus redoutés le prit à » partie dans un des feuilletons du *Journal de l'Empire.* » Il y avait, sans doute, assez de mal à dire de son re- » cueil, mais on l'attaqua lui-même d'une manière dure » et insultante. Après quelques railleries sur sa personne, » l'inflexible critique vint tomber avec lourde raideur sur » ses vers *armés à la légère.* Il leva la massue d'Hercule » pour tuer un papillon mourant, et, sans considérer le » grand âge du poète, il le traita comme un de ces jeunes

______
(1) Cette lettre m'a été communiquée par M. de Laroze.

» rimeurs à qui la critique peut être encore utile à force
» d'amertume et de sévérité. Cet article causa une vive
» peine à toutes les personnes qui s'intéressaient à M. de
» Saint-Marc, et le nombre en était grand. On prit toutes
» les précautions imaginables pour lui dérober la con-
» naissance du fatal feuilleton ; mais il finit par le lire, et
» s'il en fut affecté d'abord, la gaieté de son caractère
» reprit bientôt le dessus. »

Saint-Marc conserva jusqu'à sa mort l'amabilité de ses
manières et la vivacité de son esprit. Il parlait gaiement
de son grand âge et aimait à raconter les fredaines de sa
jeunesse. Il retraçait, dans des anecdotes piquantes, le
portrait de la société frivole qu'il avait fréquentée. Les
noms de Saint-Lambert, de Rousseau, de Mme d'Hou-
detot, revenaient souvent aussi dans sa conversation.

Il sortait très-peu dans les dernières années de sa vie,
et n'allait que très-rarement visiter ses amis. Un soir,
qu'il se retirait un peu tard de chez l'un d'eux, passant
dans une rue isolée, il rencontre deux hommes qui lui
demandent *la bourse ou la vie !* Saint-Marc ne se décon-
certe point, et fait le mouvement de lever sa canne pour
se mettre en défense. « Tu as peur ! lui dit un de ses
assaillants. — Non, pardieu ! reprit le vieillard, vous
n'êtes que deux. » Cette réponse très-fine fit rire les deux
voleurs, qui n'étaient, sans doute, que deux jeunes gen
ayant envie de se divertir.

L'article de la *Ruche d'Aquitaine* raconte aussi une anecdote qui nous donne bien l'idée de l'esprit aimable et fin
du marquis de Saint-Marc. « Un soir, enveloppé de sa-
» robe de chambre, un bonnet blanc sur la tête et les jarre-
» tières en désordre, il voulut accompagner M. Philippe
» Ferrère, qui l'était venu voir, et s'achemina, tout en
» causant avec lui, le long des allées d'Albret. Arrivé dans
» un quartier fort suspect, il s'arrêta tout à coup ; et ten-

» dant le jarret comme un jeune sous-lieutenant : « Mon
» ami, lui dit-il, il faut que je vous quitte, car, à mon cos-
» tume, on pourrait croire que je viens coucher dans le
» quartier. »

- La fin de la carrière de M. de Saint-Marc aurait été
complétement heureuse et tranquille, sans un affreux accident qui lui enleva son fils, le seul héritier de son nom.
Ce jeune homme fut tué par une violente chute de cheval.
Il annonçait, à ce qu'il paraît, une intelligence facile et
poétique. Saint-Marc fut vivement affecté de la perte de
ce fils tendrement aimé, et peut-être cette catastrophe
a-t-elle contribué à avancer le terme de sa vie. Il mourut
quelques années après, regretté par sa famille, par ses
amis, honoré par tous ceux qui l'avaient connu. La réputation de M. de Saint-Marc était grande à Bordeaux ; car,
plus de vingt ans après sa mort, nous avions une vieille
tante qui nous en parlait souvent dans notre enfance. Il
s'éteignit à l'âge de quatre-vingt-dix ans, doyen des officiers qui avaient pris part, en 1745, à la fameuse bataille
de Fontenoy.

II

Nous avons raconté la vie et peint le caractère et les mœurs du marquis de Saint-Marc ; il nous reste, pour compléter ce travail, à apprécier la valeur relative des œuvres qu'il a écrites. Elles se composent de *poésies fugitives*, d'*opéras* et de *pastorales*, et enfin de *demi-drames* en prose, pour les enfants. Il faut ajouter aussi un travail sur l'*opéra*, renfermant des idées justes, mais complétement dépourvu d'originalité.

Nous parlerons d'abord des *poésies fugitives*; mais, avant, il nous faut jeter un coup d'œil sur l'état de la poésie en France, dans les trente dernières années qui précédèrent la Révolution.

Dans ce siècle de raisonnement, les vrais poètes se sont trouvé être des prosateurs. Y a-t-il un seul versificateur de cette époque qui ait mis dans ses vers la poésie dont

Buffon, Jean-Jacques Rousseau et Bernardin de Saint-Pierre ont orné leur prose? Dans le xviiie siècle, la poésie a-t-elle peint l'amour vrai, l'amour senti, en un mot l'amour naturel? On a cherché à définir l'*art d'aimer*, comme si l'amour était une chose définissable. On s'est attaché surtout à nous peindre l'amour apprêté, l'amour galant. Il n'y a rien de plus froid que les *vives ardeurs*, les *brûlants transports* de cette poésie-là. Pour parler de l'amour, elle emprunte à la fable ses symboles, elle nous ressasse de *Cupidon* et de *Vénus;* on peut dire qu'en parlant de l'amour, elle s'attache à le refroidir.

Parny a de la grâce et de la passion, mais il n'élève pas le sentiment de l'amour, il ne l'idéalise pas; en un mot, il n'en fait point cette pure émanation d'une âme honnête fortement agitée. Dans Parny, c'est l'homme des sens qui parle et non pas l'homme du sentiment. Où trouvons-nous l'amour passionné, peint avec des couleurs fortes et naturelles? C'est dans l'*Héloïse*, de Rousseau. Et l'amour simple et naïf? Dans le *Paul et Virginie*, de Bernardin de Saint-Pierre. La pensée religieuse, l'idée de Dieu, où la trouvons-nous exprimée avec force, avec éloquence? Dans la *Profession de foi du vicaire savoyard*. Les poètes du xviiie siècle ont-ils du moins su donner des couleurs vives à la nature, à la simple, à l'imposante nature? Les descriptions vraiment senties de la création sont-elles dans les *Saisons* de Saint-Lambert, dans les *Mois* de Roucher, etc.? Nous les trouvons encore sous la plume admirable, sous l'éclatant pinceau du philosophe de Genève. Saint-Lambert sut décrire exactement, et en détail, la nature; mais Rousseau la sentait cette nature, il sut en embrasser l'ensemble, en comprendre la majesté. Le premier admirait, sans doute, les beautés de la création, mais c'était, si je puis m'exprimer ainsi, philosophiquement et de sang-froid; le second, non-seulement admirait,

il était en même temps profondément ému pendant
l'admiration, sa poitrine suffoquait, les larmes remplis-
saient ses yeux.

Les poètes du xviiie siècle ont presque tous été scep-
tiques, et par conséquent refroidis par leur scepticisme.
Il est curieux de voir, sous cette atmosphère de raisonnement, les écrivains nés poètes, péricliter après la
production d'un chef-d'œuvre poétique. Malfilâtre était
certainement inspiré : il produisit une ode admirable, et
puis s'abandonna aux genres secondaires. Il en fut de
même de Colardeau. Gilbert seul, en rompant avec le
genre à la mode, produisit deux satires d'un grand mérite, et mourut en laissant une inspiration sublime. Mais
tous ces poètes meurent jeunes : il semble que le sol littéraire du xviiie siècle manqua de sève pour les nourrir et
pour aider à leur développement.

Les poètes de ce temps se sont, en général, inspirés
directement des idées et de la forme de Voltaire. Voltaire
avait créé une forme poétique, qui tient à la fois de la
poésie et de la prose. Elle empruntait à celle-ci, la clarté,
la limpidité ; à celle-là, le coloris et le parfum. C'était, si
vous le voulez, une poésie un peu raisonnée ; mais elle
était, malgré tout, semée de fleurs. Une pensée fine de
Voltaire est rendue presque toujours sous une forme
poétique. Il avait de la grâce, même dans le bon sens ; du
charme, même dans l'ironie. Mais la grâce, l'amabilité, le
bon sens, ne pouvant être rendus poétiquement que dans
les genres secondaires, Voltaire a dû exceller dans l'*épître*
et dans le *conte*. Il ne pouvait, à mon avis, produire une
école de grands poètes. La poésie puise surtout ses belles
inspirations dans l'idéal, et Voltaire avait trop d'esprit
pour idéaliser sa pensée. L'esprit fin, vif et satirique ne
peut puiser ses inspirations que dans la réalité. Aussi, ce
qui préoccupait surtout l'esprit de Voltaire, c'était le réel.

Il sentait instinctivement que son rôle était de détruire une vieille société, bâtie sur des préjugés surannés. Un tel démolisseur ne pouvait adopter la forme poétique que comme un moyen, une arme, un instrument. Il ne devait point songer à la création d'une poésie nouvelle et féconde, d'une poésie véritablement inspirée. Toutefois, Voltaire, en préparant la Révolution française, a donné, indirectement, naissance à l'école poétique moderne.

Parmi ses imitateurs, le plus mauvais, à coup sûr, fut Dorat. Il voulut égaler la facilité du maître, et il s'est montré prolixe. Le naturel devint chez lui de la prétention ; la grâce se changea en *manière*. Il mit le persifflage à la place de l'ironie. La finesse, sous sa plume, fut une contrefaçon de l'esprit délicat de Voltaire. Dorat avait quelque imagination, mais il n'eut jamais d'idées. Il parle de tout à propos de rien. Il a la prétention d'un artiste médiocre. N'ayant jamais senti l'amour vrai, il peint la galanterie fausse, maniérée, et j'ajouterai même lubrique. Ceci peut paraître sévère ; on ne saurait l'être jamais trop envers le mauvais goût. Cependant, Dorat a été le chef d'une école poétique ; il a eu de nombreux imitateurs : c'est que ses défauts s'abritent quelquefois sous l'élégance de la forme. Dans l'histoire littéraire du xviiie siècle, il représente très-bien la décadence de la poésie se rattachant à celle des mœurs. En son temps, il eut beaucoup de réputation.

Tel est le modèle que le marquis de Saint-Marc imita dans ses *poésies fugitives*. Nous ne voulons point énumérer tous leurs défauts : ce sont ceux de Dorat lui-même, moins l'abondance facile et la sève quelquefois inspirée. Saint-Marc a écrit quelques épîtres en vers alexandrins, sur la *chevalerie* et sur les *Français détracteurs de la France;* mais, sauf une dizaine de vers heureux, ces deux pièces sont extrêmement faibles. Il réussit

beaucoup mieux les vers de huit syllabes, qui convien-
nent très-bien à l'épître galante et légère. Pour donner
une idée du talent et des faiblesses du style de Saint-
Marc dans ce genre, nous citerons l'épître à *Zirphé* :

A vous, que j'aime à la folie,
Zirphé, sans avoir vu vos traits.
Oui, je vous crois assez jolie
Pour vous adorer à jamais;
Oui, je vous consacre ma vie,
Et je trouverais très-plaisant
Que ce qu'on nomme sympathie
Vous forçât de m'en dire autant.
Si ce brusque aveu vous étonne,
Voyons : qu'aurait-il de fâcheux?
Quoi! de la Seine à la Garonne
Un amant est-il dangereux?
Allons, point de vertu cruelle,
Jeune Zirphé, point de courroux.
Que vois-je! un sourire si doux
Approuve-t-il l'amour fidèle
Que je crois ressentir pour vous,
Cet amour vif et sans modèle,
Cet amour déjà si jaloux?
Oui, jaloux, Zirphé, quand je pense
Que j'ai près de vous cent rivaux.
De grâce, redoublez leurs maux,
S'il en est en votre présence.

Ah! que ne puis-je constamment
Voir moi-même, en suivant vos traces,
Ce que l'on m'a dit si souvent,
Et célébrer, en vous voyant,
Mille plaisirs et mille grâces!
Vous voir attentive à charmer,
Forcer, par un double avantage,
Et tous les cœurs à s'enflammer,

Et l'envie à vous rendre hommage !
Saisir tant de traits précieux,
Et d'esprit et de caractère !
Chercher le bonheur dans vos yeux !
Y lire le désir de plaire,
Désir pour vous toujours heureux !
Enfin louer, avec mystère,
Ces lèvres de rose où l'amour
S'amuse en allant à Cythère,
Et se repose à son retour.

Me direz-vous d'un ton sévère,
—Monsieur, je ne vous connais point !
—Croyez-moi : grâce de ce point
Qui ne m'effarouchera guère.
Je sais trop qu'en de certains cas
La dignité n'est point à craindre ;
On la voit si souvent se plaindre,
Quand le cœur la dément tout bas.
Quoiqu'il en soit, je vais me peindre
Pour éviter tout embarras.

Voyons, armons-nous de courage.
Oui, j'ose le dire, à mon âge
Le cœur peut être encor charmé ;
L'esprit doit paraître agréable ;
L'homme, par l'usage formé,
A cet âge est le plus aimable.
On le dit ; mais c'est une fable ;
Car je sens qu'il est moins aimé.
Du temps, la fatale vitesse,
Enfin, je dois en convenir,
M'entraîne loin de la jeunesse.
Eh bien ! sans regrets, sans tristesse,
Je suis, au moment de jouir,
Plus éclairé par la tendresse,
Moins emporté par le désir.

Ma taille, mon air, ma figure,
Ont dû plaire assez autrefois.
L'on pourrait douter de leurs droits ;
Mais un vieux portrait m'en assure.
J'ai servi dans plus d'un emploi :
Vingt ans sous les drapeaux du roi,
Plus longtemps sous ceux de nos belles.
En fut-il de tendres pour moi ?
J'en doute un peu ; mais, sur ma foi,
Je sais qu'il en fut d'infidèles.
Je n'en pris jamais trop d'humeur.
Souvent j'aimai mon successeur,
Et mon cœur parle encor pour elles.

Daignez ici vous consulter ;
L'article est de quelque importance.
Oui, vingt femmes, en confidence,
M'ont daigné souvent répéter
Qu'il faut prendre, par préférence,
Un amant facile à quitter.
La gaîté, la douce folie,
Qui, premiers charmes de la vie,
Nous engagent à la chérir,
J'en conviens, je les fais peu naître ;
Mais, viennent-elles à paraître,
Je ne les laisse pas mourir.
Par moi, l'amitié délicate
Ne vit point son espoir déçu.
Nul avantage ne me flatte
Comme un bienfait que j'ai reçu.
Je suis les conseils qu'on me donne
Sur mes vers même, et sans douleur
Au rang j'accorde une valeur,
Mais je compte avec la personne.

Faut-il achever ? Essayons.
Dans mes portraits, la médisance

Jamais ne guida mes crayons.
Tout ce que j'écris, je le pense.
Si je vante quelque beauté,
S'il est un mortel que j'encense,
Oui, toujours l'œil de l'équité
Voit le sceau de la vérité
Sur l'éloge que je dispense.
Prévenir constamment l'ennui,
Glisser sur les défauts d'autrui,
Être, avec une humeur égale,
Complaisant, sans être soumis;
Jeune maîtresse, vieux amis,
Voilà mes goûts et ma morale.
Mais il est temps d'être discret ;
J'ai dit tout ce que j'ai pour plaire.
Que me reste-t-il donc à faire?
D'envoyer vite ce portrait.

Que je sois trop ou peu modeste,
Zirphé, soulagez le tourment
D'une incertitude funeste.
Accordez-moi très-promptement
Un *bon* pour être votre amant,
Vous aurez du temps pour le reste.

Le marquis de Saint-Marc a publié aussi quelques
pièces anacréontiques, et l'on peut se faire une idée de
leur valeur par les deux citations suivantes :

L'AGE D'AIMER.

On m'a dit, j'en conviens, mais toujours vainement :
— C'est être fou que d'aimer à ton âge.
— Moi, je pense bien autrement ;
Suis-je aimé? J'aime, et me crois sage.
Je lis mon âge dans les yeux

De celle que mon cœur adore.
A vingt ans, s'il déplaît, l'amant est déjà vieux ;
Tant qu'il plaît, il est jeune encore.

LA NOUVELLE AURORE.

Vous qui rappelez constamment
Tout l'éclat d'un beau jour naissant,
Vous qu'on nomme si bien Aurore,
Rendez-moi donc mes jeunes ans.
Nouveau Titon, je vous implore ;
Faites-moi ressentir encore
Les feux dont brûla mon printemps.
Aurore, votre devancière,
Ne put rajeunir son amant
Qu'en allant fléchir humblement
Le Dieu des cieux par sa prière.
Faites plus vite, faites mieux :
Qu'un désir tendre, ou curieux,
De me ramener au bel âge,
Se montre dans vos jolis yeux,
Vous voilà quitte du voyage.

Le genre qui convenait le plus au talent de Saint-Marc,
et dans lequel il a le mieux réussi, c'est le conte épi-
grammatique. Il ne va point, certes, jusqu'à la perfec-
tion ; mais l'idée finale de la plupart de ces petites
compositions est presque toujours exprimée heureusement. En voici deux exemples :

LA PRÉSENCE D'ESPRIT.

Damis, sans témoin et sans bruit,
Avec le secours d'une échelle,
Arrivait hier, vers minuit,
A la fenêtre de sa belle,
Lorsqu'à ses yeux s'offre un tuteur jaloux.

— Que veux-tu, dit l'Argus? Parle, ou ta mort certaine....
— Monsieur, de grâce, calmez-vous,
Reprit Damis, je me promène.

LA PERTE IRRÉPARABLE.

Naguère, ayant perdu sa femme,
Mondor, sans réfléchir qu'il pouvait ennuyer,
Rendait partout hommage aux vertus de la dame,
Toujours avec soin d'appuyer
Sur la tendresse de son âme.
Se trouvant chez un grand seigneur
Dont l'esprit vif, léger et prompt à la réplique,
Parfois est même un peu moqueur,
Il crut pouvoir ouvrir son cœur,
Parla de sa moitié, fit son panégyrique.
— Combien, s'écriait le conteur,
Elle fut toujours aimable !
Que ma femme était adorable !
Combien ma femme m'adorait !
— Ah ! reprit le duc à ce trait,
Votre perte est irréparable !

Le marquis de Saint-Marc a-t-il mieux réussi dans ses opéras que dans ses poésies légères ?

L'opéra était un genre de poésie qui ne devait pas prendre de profondes racines dans notre littérature, et surtout s'y maintenir au rang où l'avait élevé l'art de son fondateur, le doux, l'élégant Quinault. Cette plante poétique n'était pas indigène sur le sol littéraire de la France. Mazarin avait introduit chez nous l'opéra italien, comme un divertissement utile dans un moment où les Français se divertissaient en troublant le repos du ministre. Au reste, le célèbre cardinal, se préoccupant beaucoup plus des choses de la terre que des intérêts du ciel, aimait passionnément la musique, les jeux, les décorations et les ballets. Ce fut lui qui éveilla en France le goût de la musique, et ce goût s'est développé de plus en plus depuis cette époque, en devenant, à de certains moments, une complète extravagance dans l'esprit d'un grand nombre de nos Français.

Au XVIIᵉ siècle, et surtout au XVIIIᵉ, on se passionnait pour le chant, pour la mélodie, et c'était justice; mais de nos jours, une belle musique doit surtout assourdir les oreilles. L'opéra étant introduit en France, il fallait avoir la bonne fortune de rencontrer un poète de talent, capable de créer le genre de poésie qui devait naturellement s'allier à ce genre de spectacle. Cette bonne fortune se rencontra avec Quinault. Les musiciens ne pouvaient avoir en ce temps, au même degré, la prétention qu'ils ont eue dans la suite et qu'ils ont exercée, en imposant les idées, les sentiments et même, en quelque sorte, la forme à l'écrivain qui se chargeait de la composition du drame lyrique. Un poète pouvait s'y montrer alors vraiment inspiré et sérieusement original. L'expression étant le produit de l'inspiration et du sentiment, l'écrivain pouvait, en toute justice, prétendre à une sérieuse réputation parmi ses contemporains, et, de plus, il pouvait, sans illusion de sa part, nourrir l'espoir d'attirer sur ses œuvres les regards de la postérité. Quinault eut ces deux bonheurs, et il faut dire qu'il les méritait bien, par la douceur et la grâce de ses vers, et quelquefois aussi par la force et par l'éloquence de quelques-unes de ses expressions lyriques. Après lui, les prétentions des compositeurs grandirent de plus en plus, et le public, par malheur, donna raison à cet envahissement de la note sur le mètre. On ne prêta bientôt plus qu'une médiocre attention aux vers d'un opéra, et le laquais de Polymnie fut désormais Apollon.

A part quelques opéras de Lamothe, de Roy, de Bernard, où l'on rencontre encore par intervalle quelque talent de style, la forme, dans ce genre de poésie, fut, à peu de chose près, complétement abandonnée. Il faut avouer que, dans ce siècle raisonneur, les poètes lyriques étaient devenus aussi de plus en plus rares. Aujourd'hui, on cherche avant tout à produire quelques effets dramatiques, et l'écrivain se contente d'être l'initiateur du machiniste.

A la fin du xviiie siècle, on avait encore quelque pudeur de style. Le raisonnement, il est vrai, gâtait le lyrisme; mais si les vers étaient généralement froids, ils étaient du moins corrects. Nos faiseurs ne se donnent pas tant de peine, et je ne suis pas bien sûr que l'incorrection pour eux ne soit pas un effet de l'art. Le musicien ne peut guère alors trouver des inspirations qu'en lui-même; car le poète se garde bien d'être inspiré.

A mon sens, il en devait être ainsi, et l'opéra, depuis son berceau, avait toute chance de péricliter. Le poète n'est pas assez libre dans ce genre pour développer toutes ses facultés. On n'y peut indiquer qu'à demi, en quelque sorte, les sentiments et les idées. On rencontre beaucoup de fleurs dans cette prairie; mais on y rencontre aussi des barrières à tous les pas. La belle musique est le produit de facultés de premier ordre, et la forme poétique de l'opéra ne peut guère inspirer, chez nous surtout, que des poètes secondaires. Il s'ensuit alors que la musique devait naturellement l'emporter sur la poésie, et que, par contre, le public devait fatalement aussi prêter une attention progressive, je dirai même absolue, à la première, et se montrer de plus en plus indifférent pour une sorte de poésie qui ne marchait point de pair avec le chant. Ce n'est certainement pas aujourd'hui, où la poésie a d'autres devoirs et des devoirs plus grands à remplir que celui d'amuser le public, ce n'est pas aujourd'hui que

nous verrons des poètes de génie s'emparer de ce genre
si rabaissé et le replacer au premier rang. Il restera
dorénavant, et tout le donne à penser, entre les mains
des faiseurs qui songent avant toute chose au produit
net.

Je comprends beaucoup mieux la popularité de l'opéra-
comique en France. L'opéra comique est plus en harmonie
avec la gaieté naturelle de notre caractère et la vivacité de
notre esprit. Le marquis de Saint-Marc était un grand
admirateur de l'opéra ; il partageait l'avis de Voltaire à
ce sujet. Ce n'est pas, il faut l'avouer, .cette cause qui décida de l'opinion du marquis de Saint-Marc. Il aimait
l'opéra avec passion ; il avait profondément étudié ce
genre de poésie dramatique, quand il se décida à entrer
dans la carrière du théâtre. Avant d'établir le degré de
mérite d'*Adèle de Ponthieu*, son œuvre importante, je citerai un passage de son discours de réception à l'Académie de Bordeaux, passage où se trouvent élucidés avec
sens et clarté les difficultés et les avantages que présente
la conception d'un opéra : « Avec un grand usage de
» l'opéra, j'ose penser qu'il est impossible de n'en pas
» sentir, de n'en pas aimer toutes les beautés ; avec cet
» usage, les yeux sont moins distraits par les accessoires;
» les oreilles se familiarisent avec les accompagnements,
» et font à l'esprit et au cœur un rapport heureux des
» scènes faites pour les intéresser. C'est alors que l'âme
» joint ses plaisirs à ceux de l'imagination et des sens ;
» c'est alors qu'on est ravi d'un spectacle vraiment en-
» chanteur par le concours de tous les arts ; d'un specta-
» cle où la Musique, jointe à la Poésie, fait passer dans
» les cœurs les mouvements de toutes les passions ; d'un
» spectacle le plus varié, le plus noble, le plus magnifique
» qu'ait jamais offert aucune nation et que l'imagination
» puisse concevoir ; d'un spectacle, enfin, qu'on peut dire

» devoir son origine à la France, puisque la Grèce et
» l'Italie ancienne et moderne ne nous en ont donné que
» des idées très-imparfaites.

» Lorsque j'ai commencé à travailler pour le théâtre, je
» n'ignorais pas, Messieurs, combien il est difficile de
» faire de bons vers français, et surtout pour la scène lyri-
» que, où les inversions, presque entièrement proscrites,
» contraignent le poète à chercher une nouvelle force,
» une nouvelle harmonie dans le mélange heureux des
» différents mètres. Je n'ignorais pas que l'opéra doit
» offrir tour à tour des sentiments et des images, doit
» unir dans son style la précision à la clarté, la mollesse
» à l'énergie, la simplicité à l'élégance, malgré le peu de
» moyens laissés au poète, obligé si souvent de sacrifier
» l'expression forte à l'expression harmonieuse, à l'expres-
» sion facile; obligé de se priver d'une grande partie
» d'une langue qui n'est déjà peut-être pas assez abon-
» dante pour rendre et nuancer les idées. »

Toutes ces difficultés énumérées n'ont point été sur-
montées par le marquis de Saint-Marc dans son *Adèle de
Ponthieu;* mais c'était déjà beaucoup que de tenter de les
vaincre, et l'auteur a fait tous ses efforts pour atteindre
ce résultat. En général, le style de cet opéra est faible; il
a toute la froideur qu'ont le plus souvent les vers du
xviiie siècle, moins l'élégance et la grâce qui les distinguent sous la plume de Voltaire et de quelques auteurs
secondaires d'un talent fin et délicat. C'est dans la poésie
lyrique surtout qu'un auteur doit soigneusement éviter le
prosaïsme. Or, le raisonnement dans les vers enlève toujours quelque chose à la couleur de la forme poétique.
Les vers lyriques de Saint-Marc n'ont point la couleur de
l'époque qu'ils veulent peindre. En les lisant, on ne se
croit pas au moyen âge, on se reporte tout entier au
xviiie siècle. Ils ne sont point sentis; ils sont raisonnés.

Le plus souvent un sentiment pour l'auteur se résume dans un précepte. *Adèle* parle comme un philosophe :

Mais songez qu'aujourd'hui le *devoir rigoureux*
Impose à notre amour un éternel silence.

Raymond, son amant, répond aussi par un précepte :

L'amant qui peut changer n'a point connu l'amour.

Le père de la jeune fille, un seigneur féodal du xiiie siè-cle, est non moins philosophe dans son langage :

L'innocence aisément pardonne au repentir.

Créqui, un des chevaliers qui soutiennent l'honneur d'*Adèle de Ponthieu*, s'exprime aussi en ces termes :

Le crime est toujours faible en combattant l'honneur.

Dans le moyen âge, on avait beaucoup de passions, mais on ne se servait point du raisonnement pour les rendre. Le défaut capital du style de cet opéra est donc dans l'uniformité, à laquelle vient se joindre le manque de couleur locale. Cependant, nous nous associons à peu près complétement au jugement porté par l'abbé Sabatier sur le style d'*Adèle de Ponthieu* : « La versification en est » douce, harmonieuse et facile, le style pur, débarrassé » de ces fadeurs amoureuses qu'on prodigue si mala- » droitement et jusqu'à la satiété sur le théâtre de l'O- » péra (¹). » Appuyons ce jugement par la citation d'une scène entière d'*Adèle de Ponthieu* :

ADÈLE, RAYMOND.

RAYMOND (s'avançant vers la princesse, dans le plus profond désespoir)

Ah ! je vous perds, charmante Adèle.

(¹) *Les Trois siècles littéraires*, par l'abbé Sabatier.

ADÈLE.

Venez-vous ajouter encore à mes malheurs
Lè spectacle de vos douleurs ?

RAYMOND.

Pardonnez aux transports d'une douleur nouvelle.
Alphonse vous enchaîne aujourd'hui sous ses lois,
Il arrive, et ce jour va combler ma misère.

ADÈLE.

Un étranger paraît, fier de quelques exploits,
Jaloux, sans songer à me plaire,
Trop vain pour consulter mon choix ;
Et c'est à vous, Raymond, à vous qu'on le préfère !
O trop cruel destin ! ô fatal avenir !

RAYMOND.

Un autre va donc obtenir
Cette main que l'amour me rend toujours plus chère,
Que me refusa votre père !
Sa haine pour le mien a dicté ses refus ;
Mais nos feux mutuels ne lui sont pas connus.
Si vous aviez voulu, par un aveu sincère.....

ADÈLE.

J'aurais encor sur vous attiré sa colère.

RAYMOND.

Peut-être notre amour aurait pu l'attendrir.

ADÈLE.

Vous ne l'espérez pas, et je ne puis le croire.

RAYMOND.

Il faut donc m'immoler pour vous, pour votre gloire ;
Je vais donc loin de vous soupirer et mourir !

ADÈLE.

Ne vous reste-t-il pas des devoirs à remplir?
      Allez servir mon espérance;
      L'amour vous en prescrit la loi.
      Vous deviez vos jours à la France
      Avant que de vivre pour moi.
      La gloire aux combats vous appelle;
      Cueillez la palme des guerriers;
      Ma douleur sera moins cruelle
      Quand je compterai vos lauriers.

RAYMOND.

Quel mélange enchanteur de force et de tendresse!
Quelle amante je perds! Mais, quand l'amour m'en presse,
Je dois vivre et mourir digne de votre cœur.
      J'entends la plaintive Syrie
Près du jeune Louis appeler ma valeur :
      Aux derniers moments de ma vie,
Mes pleurs seront pour vous, mes vœux pour la patrie;
      J'aurai satisfait à l'honneur.

ADÈLE.

      Daigne le ciel, qui soutient mon courage,
Vous sauver des périls où ma voix vous engage!
Mais songez qu'aujourd'hui le devoir rigoureux
Impose à notre amour un éternel silence.

RAYMOND.

Songez que c'est l'instant de nos derniers adieux.

ADÈLE.

Que n'est-il le témoin de votre indifférence!
      Mon cœur serait moins malheureux.

RAYMOND.

Rien n'affaiblira ma constance;

> Non rien, ni le temps, ni l'absence,
> Ni même votre oubli, si je l'éprouve un jour.
> Partout mes soupirs et mes larmes
> Diront le pouvoir de vos charmes.
> L'amant qui peut changer, n'a point connu l'amour !

ADÈLE.

On vient ! c'est mon tyran ! O funeste retour !

Saint-Marc a fait preuve de plus de talent dans la combinaison dramatique de son sujet ; on y rencontre quelques situations habilement amenées. Il a fait preuve aussi d'un grand sens, lorsque, voulant peindre les mœurs de la chevalerie, il s'est abstenu complétement de toute intervention mythologique dans sa pièce : c'est toujours un mérite de savoir éviter une manie de son temps ; c'est aussi un acte d'indépendance.

Nous passerons rapidement sur la *Fête de Flore* et sur quelques autres petits opéras qui complètent la collection des œuvres dramatiques du marquis de Saint-Marc. On y rencontre des vers gracieux ; mais les bergers et les bergères de notre auteur parlent tous à peu près sur le même ton, et ce ton là n'est pas celui de la nature ; des marquis et des marquises, déguisés en pâtres et en pastourelles, pourraient seuls tenir un pareil langage. Maintenant, est-ce la faute du poète ? Pas tout à fait. Il s'essayait dans un genre depuis longtemps usé, et il en marque, à notre avis, la complète décadence. Certes, les bergers et les bergères de Sedaine ne parlent pas toujours très-poétiquement en vers ; mais comme ils s'expriment avec plus de naturel, quoique avec esprit !

C'est dans les *demi-drames* écrits pour l'enseignement moral des enfants, que le marquis de Saint-Marc déploie le mérite le moins contestable. La sensation profonde qu'avait produite sur les esprits l'apparition de l'*Émile* de

Rousseau, avait attiré l'attention générale vers l'éducation de la jeunesse. Ce livre, dont les paradoxes mêmes sont des vérités relatives, en exagérant la portée de l'éducation *naturelle*, contribua puissamment à détruire les abus de l'éducation *factice*. On comprit dès-lors beaucoup mieux qu'il fallait élever un enfant pour en faire avant tout un homme ; que l'éducation devait être faite en vue du progrès de l'intelligence humaine, et qu'elle devait avoir pour base la dignité de chacun, d'où naît celle de tous. Et comme le jardinier prend soin de jeunes arbustes pour en obtenir d'excellents fruits, ainsi l'esprit public se fit un devoir d'élever l'enfance pour obtenir en quelque sorte une pépinière d'hommes d'une grande valeur morale et intellectuelle. On se mit à la recherche des moyens les plus ingénieux pour faciliter le travail de l'éducation, pour s'adresser tour à tour au cœur et à l'esprit des enfants. On essaya même un moyen qui n'avait pu certes naître de la pensée de Rousseau, si antipathique aux spectacles ; on essaya des petites comédies, des petits drames où les qualités et les défauts du jeune âge étaient représentés en scènes comiques ou sentimentales, sous les regards des enfants, dans le dessein de leur faire aimer la vertu ou haïr le vice.

Ce genre de composition dramatique demandait beaucoup d'art et de naturel. Mme de Genlis, Berquin et Saint-Marc s'y essayèrent. Mme de Genlis peut paraître la plus inventive dans ses petits drames, parce qu'elle fait intervenir des Fées et des Génies, ce qui, pour nous, est une triste invention ; car il est inutile et même dangereux d'employer le surnaturel pour instruire et corriger les enfants ; ils ont plus besoin qu'on parle à leur raison qu'à leur imagination. Il faut éloigner de leur esprit tout ce qui peut donner naissance à une superstition. Au reste, malgré ses Fées et ses Génies, nous trouvons dans les drames de Mme de Genlis moins d'invention réelle que dans ceux du marquis de Saint-Marc, et surtout moins de naturel. Elle a aussi pris quelques sujets de ses petites pièces dans la Bible : ces sujets sont historiques ; l'auteur n'invente donc rien. Il y a peut-être dans le style de Mme de Genlis un peu plus de diversité, de coloris, de légèreté, mais beaucoup moins de simplicité et de correction. Berquin l'emporte sur elle et sur Saint-Marc. On rencontre plus de naturel, de bonhomie, plus de mouvement dans ses petites créations dramatiques. Il existe plus de variétés et de vérité dans les divers personnages mis en jeu par l'auteur. Le noble y parle comme un noble, le bourgeois comme un bourgeois, le paysan comme un paysan. On y remarque aussi plus de réelle sympathie pour l'enfance. Avec de la portée dans l'esprit, Berquin aurait produit non-seulement des œuvres utiles, mais des petits chefs-d'œuvre.

Avant de donner plus amplement notre avis sur les demi-drames de Saint-Marc, voyons quel était celui de d'Alembert. Voici la lettre qu'il adressait à l'auteur, en 1778 : « Je suis très-reconnaissant, Monsieur, et de l'ou-
» vrage que vous m'avez fait l'honneur de m'envoyer, et
» de l'obligeante lettre que vous y avez jointe ; je voudrais
» seulement être plus digne de la confiance dont vous
» m'honorez en me demandant ce que je pense de vos
» trois drames. Comme je n'attache aucun prix à mon
» avis, et que je vous conseille même d'en faire autant, je
» vous ferai part, avec franchise, du résultat de ma lec-
» ture. Je pense donc, avec vérité, que votre ouvrage est
» aussi utile par son objet qu'intéressant par l'exécution,
» et vous avez très-grande raison de dire, que dans l'é-
» ducation des enfants on ferait très-bien de substituer
» cet exercice à la lecture des romans et des contes de
» fées. Je crois, comme vous, que le second drame est

» inférieur aux deux autres, et j'y ai d'autant plus de re-
» gret, que l'objet très-important de ce drame est peut-
» être trop négligé, même dans les bonnes éducations.
» Le premier drame me paraît aussi le mieux fait des
» trois ; je voudrais seulement que le langage des paysans,
» et même quelquefois celui des enfants, fût encore plus
» simple pour donner au dialogue encore plus de vérité
» et par là peut-être plus d'intérêt. Le troisième drame,
» quoique moins moral par son objet que les deux pre-
» miers, me paraît en même temps devoir produire un
» spectacle plus animé et plus agréable, et plusieurs dé-
» tails m'en ont paru intéressants, entre autres la scène vi[e],
» et surtout, dans cette scène, l'endroit du sommeil du
» père. Je ne sais (mais ceci est une bagatelle) pourquoi
» dans vos vers vous faites *paysan* de deux syllabes ; il
» me semble qu'il est de trois et qu'on doit prononcer
» *péisan*, comme *pays* se prononce *péis*. Voilà, ce me
» semble, Monsieur, tout ce que la critique la plus *male-*
» *vole* peut dire contre votre ouvrage, au moins si elle
» veut bien ne pas perdre de vue l'intention dans laquelle
» il est composé.

» Recevez, je vous prie, de nouveau mes très-humbles
» remercîments, et l'assurance des sentiments respec-
» tueux avec lesquels j'ai l'honneur d'être, etc. (1).

» D'ALEMBERT.

» A Paris, ce 20 mai 1778. »

La *Vanité corrigée*, l'*Amour filial* et la *Franchise* sont
les pièces les mieux réussies du recueil dramatique de
Saint-Marc. L'*Amour filial* surtout est un petit drame bien
conduit et dont le but moral est très-élevé. *Damis* est un
enfant d'une excellente nature. Élève d'*Ariste*, maître de

____

(1) Cette lettre inédite m'a été communiquée par M. de Laroze.

pension, il se signale entre tous ses camarades par son aptitude au travail et par sa douce obéissance ; mais il est toujours triste, toujours rêveur. *Ariste* l'oblige enfin à révéler le sujet de cette tristesse. *Damis* lui apprend alors que cette mélancolie a pour cause l'état de gêne et de privations où se trouvent son père et sa famille. *Ariste* profite d'une visite faite dans sa pension par le ministre du roi, et obtient en faveur du père de *Damis* une pension de mille écus. Voilà la simple donnée de ce petit drame ; mais on y rencontre des caractères bien dessinés et pleins de vérité. *Dubois*, le valet, parle quelquefois comme un philosophe, entre autres quand il dit, à propos de l'intention du ministre de transformer la pension d'*Ariste* en école militaire : « Une école militaire ! le bel effort d'imagination ! Ne vaudrait-il pas mieux instruire des enfants à bien vivre qu'à se tuer ? » Ce valet-là est par trop philanthrope ; mais il faut dire qu'il parle le plus souvent comme un homme de sa condition. Ainsi, aux réflexions de *Damis*, qui lui cite les grands hommes de Plutarque, pour lesquels leur patrie fut ingrate, *Dubois* répond très-naïvement : « Eh bien ! que vous importe tout cela ? ne sont-ils pas morts tous ces guerriers ? Ne seriez-vous pas trop bon de vous chagriner pour eux inutilement ? » Ce n'est pas seulement le valet qui est original ; il y a aussi deux écoliers, *Lindor* et *Cléon*, dont les caractères, bien contrastés, sont aussi bien saisis : l'un est dissipé et l'autre indolent. Voici une scène piquante et spirituelle qui fait très-bien ressortir leurs physionomies.

CLÉON, LINDOR.

LINDOR.

Fort bien ! monsieur Cléon, vous voilà plongé dans vos occupations accoutumées.

CLÉON.

Vous voyez que je me refais un peu de mes fatigues.

LINDOR.

Effectivement, vous devez avoir besoin de repos.

CLÉON.

Oui, monsieur, et bien plus que vous le croyez.

LINDOR.

Vous pensez donc que je ne parle pas sérieusement. Ma foi, mon ami, vous avez raison.

CLÉON.

Et vous, vous avez tort. N'en parlons plus. Eh bien! le ministre s'est-il occupé de choses essentielles? nous a-t-il fait donner quelques congés?

LINDOR.

Des congés? il n'en a pas été seulement question.

CLÉON.

C'était bien la peine de venir nous voir. Comment l'avez-vous trouvé, ce ministre?

LINDOR.

Fort extraordinaire, au moins. D'abord, il nous a fait des leçons assez sévères; il nous a représenté longuement tous nos devoirs et la reconnaissance qu'il croit que nous lui devons non moins qu'au roi; puis il a parlé sur la géographie, les mathématiques, les armes, et nous a renvoyés, à l'exception de Damis.

CLÉON.

Il pourrait bien se dispenser de revenir.

LINDOR.

Très-certainement, je l'en dispense pour ma part. Croiriez-vous qu'il n'a pas dit un mot, un seul petit mot sur la danse? Que pensez-vous de cela?

CLÉON.

Mais, mon ami, c'est une chose inconcevable!

LINDOR.

Sans doute, tres-inconcevable, cher Cléon.

CLÉON.

En effet, un ministre de la guerre qui ne parle pas de la danse, est un homme qui n'est bon à rien, est un homme à renvoyer. Mais il faut qu'il ait absolument perdu la tête, absolument. N'est-il pas vrai?

LINDOR.

Croyez-moi, Monsieur, ne plaisantez pas. Nous sommes destinés à l'état militaire, et je soutiens que la danse est très-avantageuse pour un officier, je soutiens que rien ne peut être plus utile.

CLÉON.

Ceci me paraît tout à fait neuf. Faites-moi donc la grâce de vous expliquer. Je n'ai pas, sans doute, la conception très-facile; car je vous avouerai qu'il ne m'est point du tout possible d'apercevoir les plus légers rapports entre la guerre et la danse.

LINDOR.

Quoi! vous ne les voyez pas au premier coup d'œil?

CLÉON.

Non, je n'en aperçois pas la moindre apparence.

LINDOR.

Écoutez-moi donc, Cléon, et profitez bien : la danse rend le corps plus agile, et c'est de l'agilité que tout dépend à la guerre. Mais vous ne conviendrez pas de ce principe sans doute. Je dois croire, en effet, qu'il ne s'accorde pas du tout avec les vôtres.

CLÉON.

Laissons là, s'il vous plaît, toutes personnalités. Allons jusqu’au bout, Monsieur. Ne faut-il pas que je vous entende parfaitement avant de vous répondre?

LINDOR.

Oui, oui; vous allez peut-être vous endormir, et moi, je prêcherai dans le désert.

CLÉON.

Ne craignez point. Vous pouvez continuer, et je vous en prie. En vérité, votre proposition me semble si piquante, que je ne me suis jamais trouvé capable d’une attention suivie comme dans ce moment.

LINDOR.

Tant mieux pour vous. Par le secours de la danse, on peut faire manœuvrer une armée comme on veut; et je parierais qu’avec douze mille hommes qui sauraient danser, j’en culbuterais aisément trente mille qui ne sauraient que marcher.

CLÉON.

Et comment cela, mon cher général, je vous prie?

LINDOR.

Comment? Par la vitesse de ma marche et par la grande célérité de mes manœuvres.

CLÉON.

J’en conviens; vous avez une apparence de raison.

LINDOR.

Une apparence! on ne vous accusera pas de fadeur

CLÉON.

Il ne m’est point possible d’aller plus loin; car si je c mmandais une armée, je voudrais la conduire lentement et très-lentement.

LINDOR.

Pourquoi donc? Daignez vous expliquer clairement à votre tour.

CLÉON.

Parbleu! pour battre mon ennemi; voici comment : En conduisant mes troupes fort lentement, il est sûr que je ne les fatiguerais pas.

LINDOR.

Non, vraiment; ni vous non plus.

CLÉON.

Soit; ni moi non plus. Mon ennemi, qui viendrait à moi légèrement, se trouverait déjà las sans doute en arrivant en ma présence; aurait épuisé ses forces, du moins en partie, et conséquemment mon armée tranquille, fraîche, le battrait sans difficulté.

LINDOR.

La singulière idée! Je voudrais de tout mon cœur que nous commandassions chacun une armée, que nous nous trouvassions l'un vis-à-vis de l'autre. Ma foi, je me flatte que vous verriez beau jeu, mon cher, et bientôt..... Mais voici Damis; parlons d'autre chose.

Nous ne saurions mieux établir notre pensée sur l'ensemble des demi-drames de l'auteur et sur leur portée, qu'en reproduisant l'opinion émise par M. Jouannet dans son *Éloge* de Saint-Marc : « M. de Saint-Marc, dit-il, con-
» sidéré comme écrivain, vous paraîtra plus digne d'é-
» loges, si vous le jugez sur ses ouvrages en prose.
» Ici, quoique toujours un peu monotone, son style a
» cependant du nombre, de l'élégance et beaucoup de
» clarté; point de néologisme, point d'afféterie, point de
» prétention à l'effet; son allure franche, simple et vraie,
» convenait surtout à ceux de ses ouvrages dans lesquels,
» écrivant pour le jeune âge, il s'est plus particulièrement
» proposé d'être utile aux mœurs. Cette partie, la plus
» estimable de ses écrits, est peut-être la moins connue...

» Avertissons du moins la génération qui commence sous
» de meilleurs auspices, que le recueil, en apparence
» frivole, des écrits de M. de Saint-Marc, renferme pour-
» tant nombre de pages utiles. La mère de famille peut
» les lire à ses enfants, et cette lecture, accompagnée des
» réflexions que lui suggérera son amour, ne sera pas
» sans fruit. Ces drames, dont le plan et la conduite sont
» toujours sages, car la sagesse et l'ordre furent en tout
» le plus grand mérite des productions de l'auteur, mon-
» treront de bonne heure au jeune âge les ridicules d'une
» sotte vanité, les dangers d'une confiance imprévoyante,
» le bonheur qui toujours accompagne l'union de famille,
» la honte de l'ingratitude, l'inestimable prix de la bien-
» faisance. M. de Saint-Marc a traité tous ces sujets avec
» plus de bonheur qu'il ne chanta les amours ; car chez
» lui l'écrivain utile efface le poète aimable, comme le
» chevalier fidèle effaça l'élégant marquis. »

Nous voilà parvenu à la fin de notre tâche. Avons-nous
atteint le but que nous nous étions proposé ? En tout cas,
on nous reconnaîtra un mérite auquel nous tenons essentiellement : c'est celui de l'impartialité.

Bordeaux. — Imp G Gounouilhou, place Puy-Paulin, 1.

BORDEAUX. IMP. G. GOUNOUILHOU,
place Puy-Paulin, 1.